ESQUISSE

D'UN

TRAITÉ DE LA RÉPUBLIQUE;

Par G. LAMÉ.

PARIS,

BACHELIER, IMPRIMEUR-LIBRAIRE

DE L'ÉCOLE POLYTECHNIQUE, DU BUREAU DES LONGITUDES, ETC.

Quai des Augustins, n° 55.

1848.

ESQUISSE

D'UN

TRAITÉ DE LA RÉPUBLIQUE.

Imprimerie de BACHELIER, rue du Jardinet, 12.

ESQUISSE

D'UN

TRAITÉ DE LA RÉPUBLIQUE;

Par G. LAMÉ.

PARIS,

BACHELIER, IMPRIMEUR-LIBRAIRE

DE L'ÉCOLE POLYTECHNIQUE, DU BUREAU DES LONGITUDES, ETC.

Quai des Augustins, N° 55

—

1848.

PRÉFACE.

Surpris, comme bien d'autres, par la révolution de février, effrayé de la crise industrielle, du bouleversement des fortunes, du désordre des idées, de la lutte des partis, j'ai cru d'abord que la France rétrogradait vers la barbarie, que la civilisation l'abandonnait à tout jamais. La réflexion a calmé mes inquiétudes; convaincu depuis longtemps que toute crise sociale a un but, que toute révolution est destinée à briser une résistance, j'ai cherché quel est aujourd'hui le but, quelle était la résistance. Rappelant tout ce que j'avais lu sur le passé et sur les tendances de l'humanité, je suis parvenu à me rendre compte du présent, à définir son rôle dans les progrès de la civilisation. Cette étude a porté ses fruits : tranquillisé désormais sur l'avenir de la patrie, persuadé que ce qui doit être fait le sera, je me résigne à tous les maux transitoires qui nous assaillent, dussé-je en être personnellement accablé.

Il m'a semblé que ce travail pouvait calmer aussi des lecteurs inquiets, les amener comme moi à la résignation, éclairer leur jugement sur l'état de choses actuel, et même les guider dans leurs actes. Voilà ce qui me détermine à le publier. Ici, je n'ai aucune prétention d'être inventeur : des philosophes éminents ont établi la science sociale, ont défini ses principes, en ont déduit les principales conséquences ; j'ai seulement essayé de vulgariser leurs idées, et d'en présenter les applications à l'ordre du jour, de la manière la plus élémentaire.

Dans cette Esquisse d'un Traité de la République, après avoir défini, en peu de mots, la science, les axiomes et les principes qui doivent servir de bases à notre nouvel état social, je me borne à sept applications, les plus urgentes, que je traite dans autant de chapitres, intitulés : Travail ; Sort des travailleurs ; Instruction publique ; Famille ; Armée ; Propriété ; Finances. On comprendra aisément le choix et l'opportunité de ces questions. Une conclusion termine et résume cet Essai.

TABLE.

Plan.   1
Axiomes et principe   4
Travail 10
Sort des travailleurs 15
Instruction publique 23
Famille 35
Armée 42
Propriété 48
Finances. 57
Conclusion 67

ESQUISSE

DES

TRAITÉ DE LA RÉPUBLIQUE.

PLAN.

§ 1.
Marche progressive des sciences. Science sociale.

Toutes les sciences marchent de la même manière. Dans l'origine, ce ne sont que des faits isolés qu'aucun lien ne rattache entre eux. Plus tard, les faits se multiplient, se rapprochent, et forment des groupes coordonnés ; puis les groupes s'étendent, et deviennent de moins en moins nombreux par leur mutuelle fusion. Enfin la science forme un groupe unique, résumé par un principe général.

Les lois de cette progression, vérifiées par toutes les sciences qui s'occupent des corps inanimés, sont réellement applicables à la science sociale, quoiqu'il s'agisse de l'homme vivant, de son intelligence si variée, de ses passions si diverses. La complication des éléments a seulement nécessité plus de temps ; il a fallu bien des siècles d'épreuves et de luttes avant que le principe général pût se dévoiler complétement.

La civilisation ou la science sociale a donc suivi la marche naturelle de toutes les sciences. Elle a atteint son principe général, qui n'est autre que la devise de notre République : Liberté, Égalité, Fraternité.

§ 2.
Utilité du
principe gé-
néral d'une
science.

Lorsqu'un principe général est découvert, les applications de la science sont des conséquences logiques de ce principe. Le raisonnement est désormais le seul instrument qui puisse conduire à de nouveaux progrès. Au lieu de prendre la route compliquée que la science a suivie, depuis sa naissance, pour s'élever péniblement, de découverte en découverte, jusqu'au principe qui la résume, il faut s'élancer en sens contraire, descendre du principe aux faits partiels : leur étude devient plus simple et plus complète ; ce qui était obscur, lors de la marche ascendante, est alors éclairé d'une vive lumière, et tous les doutes disparaissent par l'infaillibilité du raisonnement.

L'organisation de la République, l'éducation des citoyens, les vertus à encourager, les vices à réprimer, les institutions, les lois à créer, doivent donc découler naturellement du principe général que notre dernière révolution a proclamé.

§ 3.
Méthodes de
l'enseigne-
ment d'une
science.

Pour établir et démontrer le principe général d'une science, il existe deux méthodes différentes. La première, qu'on peut appeler méthode historique, consiste à prendre la science à son berceau, à parcourir ses diverses phases, à détailler toutes les observations, toutes les déductions, qui ont conduit ses progrès successifs jusqu'à la découverte finale. Cette première méthode embrasse l'enseignement complet de la science, et le principe en est le dernier mot.

La seconde méthode, qu'on peut appeler méthode analytique, consiste à s'élever directement au principe, par la route la plus courte, en s'appuyant sur quelques faits simples, qui servent d'axiomes. Avec cette méthode, l'enseignement de la science débute par le principe, et en déduit logiquement l'explication de tous les faits partiels.

La méthode historique est, en quelque sorte, la méthode d'invention. Elle indique par quels moyens l'intelligence humaine a pu s'élever successivement du connu à l'inconnu. Elle exerce et développe l'esprit de recherche; elle forme les savants qui se consacrent avec succès à l'avancement des sciences.

La méthode analytique convient particulièrement aux applications. Un esprit exercé à déduire du principe établi les anciens faits connus, étudie facilement les faits nouveaux et leurs conséquences pratiques.

Le Traité de la République adopte la seconde méthode. Il établit ou démontre d'abord le principe du gouvernement actuel, en s'appuyant sur les sentiments de la famille et sur les facultés innées de l'homme. Il déduit ensuite de ce principe toutes les institutions qui conviennent à la République, tant celles, en très-grand nombre, qui se sont successivement perfectionnées dans la suite des siècles, et qui doivent subir des modifications, que celles, moins nombreuses, dont le nouvel état social exige la création.

§ 4.
Application
à la science
sociale.

AXIOMES ET PRINCIPE.

§ 5.
Axiomes.
Droit de
vivre.

Toute âme descendue ou envoyée sur notre globe, pour y séjourner un certain temps dans une enveloppe terrestre, a par cela même le *droit de vivre ou d'exercer ses facultés;* car ce séjour a un but, et ce but doit être atteint.

La coexistence, à la même époque et au même lieu, d'un certain nombre d'êtres humains, implique la nécessité d'une association, qui permette à chacun d'eux d'user de son droit de vivre, sans nuire à celui des autres, et même en le favorisant. Cette association s'établit d'abord naturellement par la famille, entre le père et la mère, entre les frères et les sœurs. Là elle s'exerce à la fraternité, s'étend ensuite, et embrasse toutes les familles d'une même contrée.

Toutes les institutions qui mettent un individu, une ou plusieurs familles, dans l'impossibilité d'exercer, en tout ou en partie, le droit de vivre, sont criminelles ou vicieuses, comme contraires à la nature ou au but de l'humanité. La société doit être organisée de manière à éviter ces vices et ces crimes.

Tels sont les axiomes qui servent de base au principe général de notre République. Ce principe se compose de trois parties, dont il est maintenant facile d'établir la nécessité.

§ 6.
Définitions
de la liberté.
Restrictions.

Liberté. — Le droit de vivre, ou d'exercer ses facultés, implique essentiellement la liberté d'user de ce droit. Le fait de l'agglomération des familles dans un même lieu doit limiter cette liberté, mais de telle sorte que tout membre de la société puisse user de son droit.

Quand cette agglomération est telle qu'il faille aider la nature par le travail, pour réunir les moyens d'existence nécessaires à toute la société, le travail devient un devoir; nul ne peut s'y soustraire, sans profiter indûment du travail des autres, sans exploiter son semblable, et conséquemment sans nuire à la liberté d'autrui. Dans ces circonstances, qui règnent depuis longtemps sur notre société, la liberté consiste à user du droit de vivre en travaillant, sans nuire au droit semblable de nos concitoyens.

Les limites nécessaires à la liberté individuelle, les lignes de démarcation entre l'exercice et l'abus de nos droits, sont réglées par des conventions ou des lois. Si les lois sont bonnes, la liberté est le pouvoir de faire tout ce qui n'est pas contraire aux lois; si elles sont mauvaises, la liberté en souffre.

Si la société met des restrictions à la liberté individuelle, il faut remarquer que cette liberté, limitée en apparence, est incomparablement plus étendue, plus puissante que celle dont pourrait jouir un être isolé : celui-ci serait réduit à entreprendre lui-même tous les travaux qui importent à son existence, et que d'autres, plus habiles et plus exercés, feraient mieux, plus vite et plus complétement que lui; en sorte que le temps lui manquerait pour exercer sa faculté spéciale, laquelle s'atrophierait. L'homme en société vit donc beaucoup plus que le sauvage, c'est-à-dire qu'il exerce beaucoup mieux ses nobles facultés, et remplit plus complétement le but de son séjour sur la terre. La société nous donne donc d'immenses avantages en compensation des légers sacrifices qu'elle nous impose.

§ 7.
Définitions
de l'égalité.
Ses limites
naturelles.

Égalité. — Tous les hommes naissent égaux en droits. La société doit donc favoriser également le développement de leurs facultés, protéger également leur travail, leur famille, leurs économies, et les propriétés qu'ils peuvent acquérir.

Les inégalités physiques et morales, qui distinguent les hommes, établissent entre eux des différences ineffaçables, par l'étendue et la nature de leurs facultés, par l'espèce et la quantité de travail qu'ils peuvent faire, par l'exigence plus ou moins grande des besoins de leur famille; de là résulte inévitablement des différences correspondantes, dans le succès de leur éducation et dans leur fortune.

La société doit utiliser la diversité de ces conditions, et les faire concourir au bien-être général; mais de telle sorte que la richesse, légitimement acquise par le travail, ne puisse jamais se transmettre de manière à encourager la fainéantise, ou à procurer des emplois que des citoyens pauvres seraient plus capables de remplir.

Aujourd'hui que les priviléges de toute espèce sont abolis et éteints, les inégalités sociales ont plus d'apparence que de profondeur; elles sont une conséquence nécessaire de la répartition du travail général, ou de sa division entre travailleurs dont les facultés spéciales sont différentes, chacun devant être employé à l'ouvrage qu'il fait le mieux. C'est, en effet, la différence des travaux qui occasionne la diversité des habitudes, des mœurs, des goûts et des plaisirs entre les citoyens. L'égalité parfaite est donc chimérique, puisqu'elle exigerait que les hommes fissent tous les mêmes choses; alors plus d'association nécessaire; les immenses avantages que procure la société, l'énorme accroissement des travaux humains qui résulte de leur division par espèces, seraient non avenus. L'agglomération des hommes ressemblerait à ces amas de sable sans aucun ciment que le vent du désert déplace et disperse à son gré; il n'y aurait plus que des sauvages isolés, quoique voisins. Voilà où conduirait l'égalité absolue.

Fraternité. — Si le séjour de chacun de nous sur ce globe a un but particulier, l'existence simultanée de tous les membres d'une société humaine a un but plus général, celui de concourir à une même œuvre, le perfectionnement de l'humanité. Tous ouvriers d'un même atelier, tous membres d'une grande famille, notre travail commun serait impossible ou imparfait sans un lien d'affection, pour nous aider mutuellement, pour supporter sans humeur les restrictions que la communauté impose à notre liberté, et les inégalités inévitables de nos fortunes. Ce lien nécessaire est la fraternité.

§ 8. Définition de la fraternité. Sa nécessité. Ses limites.

Sous son empire doivent disparaître l'égoïsme et le sot orgueil du riche, la vanité méprisante du parvenu, la haine, l'envie et la cupidité du pauvre, enfin l'injustice de tous. Il ne doit plus exister que des ciloyens naturellement plus ou moins habiles, forcément plus ou moins riches par leur propre travail.

La fraternité exige que la société donne à tous ses membres du travail ou des moyens d'existence, qu'elle organise sur une plus grande échelle les hôpitaux, les hospices, les asiles, les retraites, les secours à domicile, et toutes les œuvres de bienfaisance abandonnées naguère à la charité publique; mais de telle sorte que ces institutions diverses n'entretiennent pas l'imprévoyance, la fainéantise et le vagabondage.

La fraternité est dans le cœur de l'homme; il n'y a qu'une éducation déréglée ou des passions désordonnées qui puissent en étouffer la voix. Laissez l'homme à ses instincts naturels, il recherche et aime son semblable; son cœur suivant de près le développement de son intelligence, il affectionne sa famille, ses compagnons, son village, sa province, sa patrie, enfin l'humanité. Dans le danger que court devant lui un inconnu, son premier mouvement est de porter secours. La fraternité est donc un sentiment inné; elle fait partie essentielle des facultés de l'âme; c'est en quelque sorte un des instruments donnés à l'homme, et qu'il doit utiliser.

§ 9. Principe général de la science sociale.

Liberté, égalité, fraternité. — Tel est le principe général de la science sociale; celui qui doit servir de base à l'organisation de notre république; le seul qui, bien compris, appliqué jusqu'à la dernière rigueur, sans exagération et sans faiblesse, puisse former une société à l'abri de toute révolution nouvelle, ayant un progrès réel pour but.

Malheur aux utopistes qui, se fondant sur des hypo-
thèses prises en dehors des conditions de l'humanité,
parviendraient à égarer les masses, au point de pro-
duire un bouleversement ! la société rétrograderait.
alors à pas de géant vers la barbarie, et tout serait
à recommencer.

Avant d'appliquer le principe établi à l'organisation républicaine des services publics, il convient
d'entrer dans quelques détails sur le travail en général et sur les travailleurs; ce sera, en quelque sorte,
définir le but et la composition de la société, et, en
même temps, faire entrevoir à l'avance les seules
solutions possibles de ces deux grands problèmes à
l'ordre du jour : l'organisation du travail, et l'amélioration du sort des travailleurs.

TRAVAIL.

§ 10.
Nécessité du
travail.

Le travail devient nécessaire et obligatoire pour les membres d'une société lorsqu'ils sont trop nombreux, et que la nature ne peut, sans aide, subvenir à la vie matérielle de tous. Les perfectionnements, les simplifications, successivement apportés au travail qui n'a que cette vie matérielle pour but, tendent à diminuer la tâche de chacun, ou à laisser des citoyens inoccupés. Mais des besoins d'une autre nature réclament de nouveaux travaux. L'homme, délivré de toute inquiétude sur son existence physique, s'occupe de sciences et de beaux-arts; il donne l'essor à ses facultés morales et intellectuelles; sa vie s'agrandit.

§ 11.
But de la société.

Dès lors le but de la société est de faire concourir l'exercice des facultés, ou la vie de tous ses membres, à la grande œuvre du perfectionnement de l'humanité. Tout mode d'activité de l'intelligence humaine doit être favorisé; il faut cultiver, non-seulement l'agriculture et les arts industriels, mais aussi les sciences, les beaux-arts, les lettres : négliger une de ces grandes divisions, c'est déchoir, c'est faire rétrograder l'humanité. L'homme de lettres et le savant, le peintre et le musicien, sont des travailleurs aussi bien que le laboureur et l'ouvrier de nos fabriques.

§ 12.
Division du
travail général. Arts libéraux.

Nous avons des besoins physiques et des besoins moraux; notre intelligence aussi a ses besoins. De là les industries qui s'occupent de notre nourriture;

de nos habillements, de nos habitations, de nos
meubles, de nos moyens de transport; de là aussi
celles qui dirigent notre éducation, notre instruction,
nos plaisirs, et, ce qui tient le plus à la dignité de
l'homme, la culture de l'âme. Ce serait remonter vers
la barbarie que de réduire ou d'abaisser les secondes
au-dessous des premières. Non, nos travaux ne peuvent se borner à assurer la vie matérielle; ils doivent
aussi fournir de la pâture à la vie morale, à la vie
intellectuelle.

Lorsque notre jeune République aura vieilli de
plusieurs années, que l'instruction se sera répandue,
tous les citoyens sentiront combien les jouissances du
cœur et de la pensée l'emportent sur les autres; ils
estimeront à leur juste valeur les travailleurs qui leur
procurent ces jouissances nouvelles, et regarderont
avec moins de haine, avec moins d'envie, les riches,
qui n'ont en réalité qu'un peu plus de facilité pour
satisfaire leur vie matérielle.

D'ailleurs, par les progrès naturels du régime répu-
blicain, les liens de famille se multiplieront entre les
travailleurs, et les différences de fortune iront en diminuant. L'instruction publique, fondée sur l'égalité,
recrutera partout les capacités spéciales, et le fils ou
le frère du laboureur ou de l'ouvrier sera, plus souvent que par le passé, homme de lettres ou savant,
peintre ou sculpteur célèbre.

Outre les travailleurs qui cultivent les professions
dites *libérales*, il en est d'autres qui semblent partager
momentanément avec celles-ci la défaveur de la popu-

§ 13.
Du crédit et
de ceux qui
s'en occu-
pent.

lation : ce sont ceux qui s'occupent des institutions de crédit, les capitalistes, les banquiers, les agents de change; et cependant, sans leur concours actif, point d'industrie, point de commerce, point de société possible, car ils recueillent et distribuent l'agent le plus indispensable de la production. Là encore la suite des siècles a apporté d'immenses perfectionnements, que la prolongation de la crise actuelle annulerait pour longtemps. Les banques, les compagnies d'assurances, les sociétés par actions, les comptoirs, les bourses, peuvent seuls donner au travail général tout son essor, et offrir à l'État les ressources nécessaires pour franchir les époques difficiles.

Sans doute, d'autres perfectionnements sont à désirer : il faut, par exemple, que le crédit vienne en aide à l'agriculture, plus qu'il ne l'a fait jusqu'ici. Sans doute, des abus criants, des coups de fortune injustes, des primes subites et imméritées ont parfois scandalisé les honnêtes gens ; mais ces exceptions doivent diminuer et disparaître, si l'on confie la direction de nos finances et celle de la République à des mains habiles et désintéressées.

Lorsque l'ordre et la confiance auront remis en marche, sur tous les points, l'œuvre interrompue de la société; quand de nombreuses améliorations auront assuré le sort de tous les travailleurs, la belle institution des caisses d'épargne fonctionnera sur une plus grande échelle que par le passé; elle deviendra la première ressource de l'industrie : ses capitaux, de beaucoup les plus importants, domineront toutes les entreprises de crédit, et dicteront les conditions de loyauté dont elles ne devraient jamais se départir. Enfin l'époque viendra où tout citoyen sera capitaliste, et ne devra qu'à ses propres travaux une fortune suffisante pour assurer le repos de sa vieillesse.

Lorsqu'une industrie tombe en défaveur, ou vient à manquer de débouchés, ce sont les moyens de vivre qui sont supprimés pour des centaines, pour des milliers d'ouvriers; c'est la misère et le désespoir qui envahissent une fraction de la société. Afin d'éviter ces malheurs, il faut que toutes les industries qui existaient avant février aient leur raison d'être sous la République; or un grand nombre, à Paris surtout, n'existaient que par le luxe; il y a donc nécessité de favoriser le luxe.

§ 14.
Du luxe et des industries qu'il alimente.

Que l'ordre, la confiance, le crédit se rétablissent, et l'on cessera de restreindre ses dépenses; la consommation s'étendra bientôt aux objets qui ne sont pas de première nécessité, et les fabriques de luxe renaîtront. Mais pour que ces industries, et par suite toutes les autres, puissent prospérer, il faut que la cessation de toute inquiétude ramène dans la capitale les consommateurs qui l'ont abandonnée; il faut aussi que les appointements des fonctionnaires soient à très-peu près remis sur l'ancien pied. La réforme administrative doit porter sur le choix des employés, et non sur leurs émoluments : si aujourd'hui les plus habiles, les plus capables, occupent les places, il est injuste de leur retirer une partie des avantages matériels dévolus à leurs prédécesseurs moins méritants.

Les industries dites de luxe ont d'ailleurs un brillant avenir; elles devront s'étendre et se perfectionner lorsque l'aisance sera plus générale, que le goût du comfort et du bien-être se répandra. Aux jours de repos et de fêtes, la soie, le drap fin, les toilettes recherchées, habilleront tous les travailleurs; les équipages loués seront plus élégants, les bijoux plus modestes, mais plus nombreux qu'aujourd'hui. La société la plus riche, ou qui consomme le plus, n'est pas celle qui compte un petit nombre de très-grandes fortunes, entourées de familles misérables, mais celle où tous les citoyens ont une honnête aisance.

§ 15.
La société doit protéger tous les genres de travaux.

Ainsi, la société doit protéger tous les genres de travaux, toutes les industries sans exception. Chacune d'elles s'est perfectionnée avec le temps; elle doit être soigneusement conservée : l'abandonner, ce serait anéantir une portion de la richesse nationale; ce serait commettre le crime de fratricide, en réduisant à la misère les travailleurs qui l'exploitent.

Par cette sage protection, et sous l'empire des vertus républicaines, avec le temps et sans secousses, disparaîtront l'intrigue et la corruption, les distinctions puériles qu'enfante la vanité, les inégalités choquantes que rien ne justifie. Une position plus élevée ne sera due qu'à la supériorité du savoir et de la capacité. Une plus grande aisance sera le fruit d'une meilleure conduite, d'une plus grande habileté, ou d'un travail mieux soutenu. Si la poitrine d'un citoyen est encore décorée d'une médaille ou d'une croix, ce sera le signe et la récompense légitime d'un mérite éminent, d'un long service sans reproche, d'une action d'éclat.

SORT DES TRAVAILLEURS.

L'expérience de tous les siècles prouve que les réformes sociales doivent se faire d'une manière continue, et en quelque sorte insensible, si l'on veut que la génération vivante jouisse de leurs avantages. Lorsqu'une résistance au progrès, trop longtemps prolongée, amène une révolution subite qui brise cette résistance, il y a temps d'arrêt, rétrogradation même, enfin quelque chose d'analogue à la déperdition de force qu'occasionnent les chocs dans les machines. Bien des années sont alors nécessaires pour que la civilisation reprenne sa marche; une ou plusieurs générations peuvent se succéder dans l'intervalle. Quelquefois même le choc est trop violent, il y a rupture; la société qui l'a subi, décline, ne se relève plus, et la civilisation l'abandonne pour adopter une autre nation.

La révolution de février n'avait à vaincre que la résistance obstinée d'un pouvoir monarchique superficiel, qui n'avait pas de racines dans le pays; le progrès s'était en quelque sorte fait sans lui, et malgré lui; toutes les questions importantes se mûrissaient en dehors du gouvernement; quelque temps encore, et leurs solutions étaient prêtes, et l'irrésistible logique de l'humanité conduisait à leur mise en pratique. Le hasard a tout précipité; le pouvoir, que des citoyens dévoués ont préservé de l'anarchie, a été partiellement

§ 16.
Arrêts causés par les révolutions politiques.

envahi par des impatients, exercés à la lutte, mais inhabiles en fait d'organisation. Quelques utopistes se sont glissés parmi eux, et le mal qu'ils ont fait menace d'être irréparable.

§ 17.
Définition
des utopies.

Tandis que les savants qui s'occupent d'une science accumulent, coordonnent les faits et les groupent successivement et de plus en plus, de manière à arriver finalement au principe général, en suivant ainsi la seule méthode de recherches qui puisse réussir, on voit souvent des esprits impatients, qui, dédaignant ce travail pénible, et se contentant de la connaissance imparfaite d'un petit nombre de faits, cherchent une hypothèse qui rende compte de ces faits particuliers, et croient tenir le principe général. Ces utopistes prennent dans les recherches des autres ce qui leur convient, et font servir tous ces emprunts, mal digé-rés, mal compris, mal coordonnés, à construire une fausse doctrine, que les progrès naturels de la vraie science ne tardent pas à réduire à néant. Par rapport aux sciences physiques, ces travaux maladroits ne sont qu'inutiles; mais ils peuvent être en outre fort dangereux s'il s'agit de la science sociale.

§ 18.
Marche et
progrès des
institutions
humaines.

Lorsqu'une institution humaine fait un progrès, soit pacifiquement, soit violemment, ce progrès a été préparé pas à pas dans les siècles précédents; il est devenu nécessaire et praticable; la force des choses, ou la logique des faits écarte ou brise toutes les résistances. Ainsi les progrès de la liberté ont successivement amené la destruction de l'esclavage antique, l'émancipation des communes, l'abolition du servage

Ainsi les progrès de l'égalité ont successivement fait disparaître les priviléges des castes, ceux de la noblesse, ceux de la royauté, et même ceux de la fortune par l'abolition du cens électoral. Ainsi les progrès de la fraternité ont successivement institué, le christianisme, ses apôtres, son clergé, ses missions, les hôpitaux, les hospices, les sœurs de charité, les sociétés de bienfaisance, l'hospitalité pour les réfugiés, les secours et la protection généreuse de la France pour les nations opprimées. Et outre ces trois institutions principales, qui se groupent et se confondent aujourd'hui dans un immortel principe, une foule d'institutions secondaires, qui concernent particulièrement le crédit et les finances, l'industrie et le commerce, les sciences et les lettres, l'instruction et les beaux-arts, les lois et les peines, le régime municipal et l'administration, peuvent être suivies historiquement, de progrès en progrès, depuis leur origine déjà bien ancienne, jusqu'à leur état actuel. Et si ces institutions diverses ont marché, quoique lentement, vers une plus grande perfection, c'est qu'elles étaient nécessaires, c'est qu'elles avaient raison d'être. Tandis que les institutions inutiles, vicieuses, incompatibles avec les progrès de l'humanité, ont été étouffées dès leur berceau, ou bien, destinées à un état transitoire, ont progressé d'abord, pour déchoir ensuite, et s'éteindre à tout jamais.

Si donc on voit surgir une doctrine sociale, qui n'ait aucune racine, aucun germe dans le passé, qui méprise et regarde comme non avenus les progrès

§ 19.
Caractère des utopies sociales.

2

séculaires des institutions qu'elle prétend anéantir et remplacer, qui proclame en quelque sorte que l'humanité doit changer de route, et perdre ainsi le travail de bien des années, gardons-nous : cette doctrine est faussée, subversive, anti-sociale; c'est une utopie dangereuse. Toutefois, la naissance même de cette utopie, le succès que ces prédications peuvent obtenir, indiquent qu'un mal existe, et l'on doit y remédier : c'est une institution qu'il faut corriger, perfectionner, mais non détruire.

§ 20. Inconvénients de la concurrence. Moyens d'y remédier.

Par exemple, la concurrence, c'est-à-dire la liberté du commerce ou de l'industrie, qui a produit et produit tous les jours de si grands bienfaits, à qui l'on doit l'accroissement si rapide de la richesse nationale dans ces derniers temps, cette concurrence, institution nécessaire et progressive, est accusée de toutes les souffrances des travailleurs de nos fabriques. Faut-il pour cela l'anéantir? Faut-il que l'État se fasse le seul négociant, le seul fabricant de la société, en étouffant la liberté pour les choses, lorsqu'il la proclame pour les personnes? Faut-il enfin que la République se pachalise à la Méhémet-Ali?

Non. Il faut agir sur la concurrence même, astreindre tous les patrons, tous les chefs d'entreprise, à compter leurs ouvriers, leurs travailleurs, comme des hommes et des frères, et non comme des machines et des instruments; à débattre avec eux le taux de leurs salaires, de telle sorte qu'il puisse suffire à leurs besoins; enfin à les intéresser autant que possible dans les bénéfices des entreprises. Ces mesures, devenues obligatoires, érigées en devoirs pour tous les fabricants, ne porteront aucune atteinte à la concurrence entre Français, et sur les marchés intérieurs. Quant à la concurrence étrangère et aux marchés extérieurs, les tarifs des douanes peuvent être réglementés, de telle sorte que cette concurrence soit compensée chez nous, et que notre commerce extérieur n'en souffre pas. Ce doit même être là le seul motif de l'existence des douanes.

Et d'ailleurs, si notre commerce extérieur, fort peu étendu grâces au système arriéré et défectueux de nos tarifs, ne prend pas un beaucoup plus grand essor, quand ces tarifs n'auront d'autre but que de protéger nos ouvriers, si les produits de nos fabriques ne peuvent arriver sur les marchés extérieurs aux mêmes prix réduits que les produits des manufacturiers anglais, c'est que ceux-ci sacrifient leurs ouvriers, et que nous voulons par-dessus tout le bonheur des nôtres. N'envions donc pas nos voisins; plaignons-les : si l'esprit des révolutions n'a plus rien à faire chez nous, on lui prépare une terrible besogne de l'autre côté de la Manche.

Si l'un des buts principaux de notre dernière révolution est l'amélioration du sort des ouvriers, on agit contrairement à ce but en bouleversant tout ce qui existe en fait d'industrie. Pour organiser le travail, il est nécessaire que le travail existe; il faut donc le ranimer par tous les moyens dont la société peut disposer, et le remettre à peu près au même point où il se trouvait avant la révolution de février; alors seu-

§ 21.
Moyens d'a-
méliorer le
sort des tra-
vailleurs.

lement on pourra s'occuper activement des améliorations.

D'abord, la fraternité aidant, on établira sur une plus grande échelle, les asiles, les maisons de retraite, les secours de toute espèce, pour la fraction infirme ou souffrante de la population. Des lois, et des conventions amiables, régleront les rapports mutuels et les intérêts des ouvriers, des contre-maîtres, des patrons d'un même atelier; les conseils de prud'hommes, déjà si bien composés, régleront pacifiquement leurs différends. Enfin, on essayera, si l'on veut, de former des ateliers de diverses industries, uniquement composés d'ouvriers associés, choisissant parmi eux leurs contre-maîtres et leur gérant, quoiqu'il soit douteux que cet essai puisse réussir.

Mais l'amélioration la plus importante consistera à répandre le plus possible d'instruction dans les familles. On augmentera le nombre et l'importance des écoles pour les enfants, des cours publics pour les adultes, des classes de chant, de dessin, de danse même, des gymnases de toute espèce. Tous ces moyens d'instruction seront gratuits. Les sujets distingués des écoles primaires seront placés, aux frais de la République, dans les lycées, ou dans les écoles spéciales d'arts et métiers, d'agriculture, de commerce, pour y poursuivre leurs études. Enfin, l'organisation de l'instruction publique sera telle, qu'une intelligence d'élite, dans quelque genre que ce soit, de quelque famille qu'elle sorte, puisse compléter son instruction spéciale, et occuper un jour la place due à sa capacité. Il ne saurait en être autrement sous le régime de l'égalité.

Plusieurs essais, couronnés de succès, ont démontré qu'il est possible de faire participer les ouvriers aux bénéfices des établissements qui les emploient. Ce moyen précieux d'améliorer la condition des ouvriers, réglé et généralisé avec prudence, est de beaucoup préférable à l'augmentation des salaires, qui rendrait actuellement impossibles la plupart des industries. D'ailleurs, on peut accroître les ressources de l'ouvrier, sans changer le chiffre des salaires, par l'allégement des octrois, des tarifs de douane, et par la liberté absolue du commerce des grains.

§ 24.
Par la participation aux bénéfices.

Il est encore un moyen de diminuer, dans une grande proportion, les dépenses des ouvriers: c'est de favoriser la construction de vastes bâtiments, disposés pour un grand nombre de ménages, dans le voisinage des manufactures ou des centres d'industries. Là se formeraient autant de colonies, qui pourraient profiter du bénéfice et des avantages de la vie en commun. Les écoles, les cours publics, les salons de lecture, les classes de chant, de dessin, de danse, se grouperaient autour d'elles. Il y aurait peu de temps de perdu, beaucoup d'occupations agréables et utiles; on y serait meilleur, plus gai, et, qui sait? heureux peut-être. Ce genre d'établissement, dont on cite plusieurs exemples, deviendrait la meilleure école pratique d'égalité et de fraternité.

§ 25.
Par la colonisation industrielle.

Voici quels seront les résultats de ces améliorations. La vie matérielle de l'ouvrier et de sa famille

§ 26.
Résultats de ces améliorations.

assurée; les chances de maladies, d'infirmités, pré-
vues, et les malheurs qui en seraient les suites écartés.
L'instruction généralisée, et s'arrêtant aux limites de
l'intelligence, non à celles de la fortune. L'ouvrier,
plus instruit, plus moral, ayant des connaissances
scientifiques, des goûts d'artiste, perfectionnant son
œuvre, et lui donnant un cachet d'élégance, de bon
goût et d'appropriation, qui la fera préférer, sur les
marchés étrangers, à l'œuvre analogue d'un ouvrier-
machine, moins coûteuse, mais de qualité inférieure.
Puis des citoyens ayant tous les mêmes idées justes sur
la société et son gouvernement, tous désireux d'obtenir, par une sage économie, le comfort, le bien-être
et le pain de leurs vieux jours. Enfin, la diminution
ou l'absence des privations, des inquiétudes, et les
exercices salutaires de la gymnastique, perfectionnant
la race et augmentant la vie moyenne.

INSTRUCTION PUBLIQUE.

Pour que la grande œuvre de la société, c'est-à-dire le perfectionnement indéfini de l'humanité, puisse s'exécuter sans interruption, il faut que la génération actuelle transmette, dans toute son intégrité, l'héritage de connaissances qu'elle a reçu, augmenté de la part de progrès qu'elle a pu faire elle-même; avant de quitter cette terre, il faut qu'elle apprenne à ceux qui doivent l'y remplacer, les moyens perfectionnés d'y vivre, ou d'exercer leurs facultés dans toute leur plénitude. Il faut que les anciens introduisent les nouveau-venus, dans la société formée pour le bien de tous; qu'ils leur exposent les principes actuels et nécessaires de cette société; qu'ils leur enseignent tous les genres de travaux qu'elle réclame; enfin, qu'ils les mettent en état de remplir leur tâche dans l'immense travail humain qui ne doit jamais chômer, et de devenir maîtres à leur tour. Tel est le but général que doit essentiellement remplir l'instruction publique.

De là, l'obligation de ne laisser inculte aucune intelligence, pour ne pas négliger une des forces vives que la nature nous envoie; de là, la nécessité de rechercher avec soin les facultés spéciales des nouveaux apprentis, pour diriger leurs études de manière à utiliser le mieux possible chacun d'eux.

Tous les genres de travaux si variés d'une société

§ 27.
But général de l'instruction publique.

§ 28.
Nécessité d'étendre l'instruction, et de rechercher les capacités spéciales.

humaine, par leur existence même, par les progrès que des intelligences d'élite y ont accompli dans la suite des siècles, indiquent qu'à toute époque, sur la terre, il y a des hommes plus capables que d'autres de s'occuper de tel genre de travail. Toute génération apporte donc son contingent à chaque spécialité. La répartition de ces nouveaux travailleurs est actuellement à peu près abandonnée au hasard. L'énergie naturelle d'un certain nombre de vocations remédie en partie à l'imperfection de ce classement; mais il arrive souvent que des individus fourvoyés, jetés dans une carrière qui n'est pas la leur, font instinctivement des efforts pour en sortir et pour prendre la place que leurs facultés naturelles leur assignaient, mais où ils manqueraient de l'instruction nécessaire, d'une préparation convenable. Qui sait si les crises politiques qui ont souvent menacé l'existence même de la société ne sont pas dues, en grande partie, à cette répartition désordonnée?

Hâtons-nous de remédier à cet état de chose, en généralisant l'instruction et en variant les objets d'étude, de telle sorte que chaque jeune intelligence puisse saisir au passage le genre de travail qui lui convient, et signaler ses aptitudes, comme l'Achille déguisé choisissant une épée.

§ 29. Division de l'instruction publique.

Pour remplir complétement les diverses conditions que lui impose son but général, l'instruction publique exige des établissements de trois genres différents. Le premier, où la présence sera gratuite et obligatoire, doit comprendre, outre les écoles primaires pour les enfants, des cours primaires supérieurs destinés aux adultes, et qui auront lieu le matin et le soir. Le deuxième genre comprend les lycées et les colléges communaux, et admettra, outre les élèves aux frais de leurs parents, les enfants et les jeunes adultes les plus distingués des établissements primaires, élevés aux frais de la République. Enfin, le troisième genre embrasse toutes les écoles savantes, spéciales et professionnelles, qui admettront un nombre de boursiers, tel que le manque de fortune ne soit jamais un motif d'exclusion.

Dans les écoles primaires, dont le nombre sera suffisamment augmenté, et qui seront rendues obligatoires et gratuites, outre l'instruction religieuse et morale, outre la lecture, l'écriture, le calcul, on introduira, parmi les objets d'étude, le chant, le dessin, des notions élémentaires d'histoire naturelle; on exercera surtout la mémoire, si vive au jeune âge, en la meublant de détails bien coordonnés, empruntés à l'histoire, à la géographie, aux lettres. Ces premières impressions sur le cerveau sont celles qui persistent le plus longtemps; il importe donc de les choisir de telle sorte qu'elles puissent être utiles, et ne jamais nuire, dans quelque condition que se trouve l'individu.

§ 30. Écoles primaires.

L'adolescence voit naître d'autres facultés qui demandent à se développer, telles que l'imagination et le raisonnement. A leur sortie des écoles primaires, les jeunes adultes, que l'accroissement de leurs forces physiques, et les besoins de leurs familles, auront ini-

§ 31. Cours primaires supérieurs pour les jeunes adultes.

tiés aux travaux du ménage, des champs ou de l'atelier, ne peuvent rester sans instruction nouvelle. Des
cours primaires supérieurs, encore obligatoires et gratuits, leur seront faits le matin ; ils comprendront :
un cours où nos lois principales sur les droits et les
devoirs des citoyens seront rationnellement expli-
quées ; un cours de grammaire et de composition lit-
téraire, où l'on indiquera des lectures variées, pour
faire connaître nos meilleurs auteurs dans différents
genres ; on enseignera, en outre, la géométrie et le
dessin linéaire, l'arithmétique et un peu d'algèbre ;
on donnera des notions bien choisies sur la physique
et la chimie, sur la statique et la dynamique, sur l'a-
griculture et les arts industriels, sur l'économie politique et la statistique. Le soir, on exercera les jeunes
adultes au chant, à la danse, à la gymnastique ;
une bibliothèque et un salon de lecture leur seront
ouverts.

La création de ces cours primaires supérieurs est
indispensable. C'est le seul moyen de former des citoyens, tous ayant les mêmes idées justes sur la société
et son gouvernement ; tous susceptibles de partager
les mêmes jouissances, de goûter les charmes de la
poésie et de la lecture, les plaisirs de la musique,
d'éprouver les émotions que procurent la peinture et
la sculpture ; tous désireux d'obtenir, par une sage
économie, le comfort et le bien-être. C'est le seul
moyen d'offrir aux capacités spéciales, qui ne peuvent
se signaler toutes dans l'enfance, l'occasion de se ma-
nifester chez les adolescents, en leur présentant les

éléments des sciences et des lettres, de l'industrie et des beaux-arts.

En rendant obligatoires ces cours gratuits, il sera sans doute nécessaire de donner, aux parents peu fortunés, une compensation équivalente à la portion de journée que l'étude enlèvera au travail des jeunes adultes. Dans les campagnes, il pourra suffire de suspendre les cours, aux époques où les travaux de la terre réclament le plus de bras. Dans tous les cas, l'État ou les communes pourront faire les frais d'un repas, celui du matin, donné à tous les élèves. D'ailleurs, de plus grands sacrifices seraient-ils nécessaires, l'avantage incontestable et immense qui résultera de cette institution nouvelle doit vaincre toutes les hésitations.

A la sortie des établissements primaires, le laboureur ou l'ouvrier ne doit plus être astreint à aucune étude. Mais il peut éprouver le désir de se perfectionner encore, d'acquérir de nouvelles connaissances; des cours gratuits, sur les sciences qui se rattachent à ses occupations habituelles, satisferont ce besoin. Ces cours seront purement facultatifs, et le bon choix des professeurs pourra seul en assurer l'existence.

Durant les études primaires, il sera facile de distinguer les capacités spéciales des enfants et des jeunes adultes, celles surtout qui, par leur énergie naturelle, exigent une instruction plus étendue. Il importe alors d'introduire ces intelligences d'élite dans d'autres établissements.

L'instruction secondaire, comme aujourd'hui et sans modification essentielle, sera donnée dans les lycées et les colléges communaux. Tout enfant pourra y être élevé aux frais de ses parents. Mais, en outre, ces établissements admettront un beaucoup plus grand nombre de boursiers que par le passé, et ces bourses seront exclusivement données, après examens, aux meilleurs élèves des écoles primaires.

Indépendamment des classes ordinaires, il sera institué, dans tout lycée et dans tout collége communal, un cours d'études préparatoires, qui durera trois ans, et où de jeunes adultes pourront acquérir l'instruction secondaire, et les connaissances scientifiques, nécessaires pour être en état de subir les examens d'entrée de l'École Polytechnique, de l'École militaire de Saint-Cyr, de l'École forestière, de l'École administrative. Parmi les élèves qui suivront ces études préparatoires, un grand nombre de bourses seront données, après examens, aux jeunes adultes les plus distingués des cours primaires supérieurs.

Ainsi, les meilleurs sujets des établissements primaires pourront recevoir, aux frais de la République, la même instruction secondaire que tous les jeunes gens élevés aux frais de leurs parents. Comme l'introduction dans les écoles savantes n'est et ne sera jamais accordée qu'aux plus méritants, sans que le manque de fortune puisse y porter obstacle, l'égalité la plus parfaite existera entre tous les candidats. Il devra même arriver que la proportion des élus sera plus forte parmi les boursiers des cours préparatoires, que parmi les élèves qui les auront suivis à leurs frais : les premiers ayant déjà subi, de plus que les autres, une épreuve d'élimination et de capacité, à leur sortie des établissements primaires.

En dehors des écoles savantes déjà nommées, il existe des écoles d'architecture, de peinture, de sculpture, des conservatoires de musique, pour les artistes ; des écoles de manufactures, des mines, d'arts et métiers, pépinières d'ingénieurs civils, de fabricants, de contre-maîtres ; des écoles d'agriculture, où se forment des fermiers et des horticulteurs ; des écoles de commerce, d'où sortent des négociants et des financiers. A toutes ces écoles spéciales seront affectées un certain nombre de bourses, que pourront obtenir directement, après examens, de jeunes adultes des cours primaires supérieurs, qui auront manifesté la vocation correspondante.

Outre les écoles Normales qui existent, il sera nécessaire d'en créer de nouvelles, où se formeront les professeurs des cours publics. On y entrera par des examens que pourront subir les élèves des lycées, des colléges, ou ceux qui ont suivi les cours des jeunes adultes.

Les places de professeurs seront données à la suite d'un concours d'agrégation, où seront admis tous les candidats qui se présenteront, même ceux qui ne seraient pas passés par les écoles Normales.

Pareillement, tous les corps qui ont été jusqu'ici presque exclusivement alimentés par des écoles spéciales, comme ceux des ingénieurs des ponts et chaus-

§ 33.
Écoles spéciales et professionnelles.

§ 34.
Introduction dans les corps savants.

sées et des mines, ceux des officiers du génie et de l'artillerie, ne seront plus interdits aux citoyens qui auront pu compléter leur instruction, sans passer par ces écoles. Seulement, il faudra qu'un certain nombre d'années de service actif, dans la même carrière ou dans une carrière analogue, et des examens rigoureux sur toutes les connaissances qu'elle exige, constatent la capacité de ces nouveaux aspirants ; de telle sorte qu'il ne résulte, de leur introduction dans les corps savants, aucun désavantage pour les ingénieurs qui auront suivi la route des écoles spéciales, si longue et si difficile à parcourir.

Quoi qu'il en soit, il faut que celui auquel la nature a donné, à un haut degré, les facultés du professorat ou celles de l'ingénieur, quelque retard que les circonstances aient apporté au développement de ces facultés, ne se trouve pas irrévocablement arrêté dans sa carrière naturelle. D'ailleurs, si l'uniformité de l'instruction professionnelle a ses avantages, elle a aussi des inconvénients qu'on ne peut contester, entre autres celui d'établir, parmi les membres d'un corps, tous en quelque sorte formés dans le même moule, une routine classique qui paralyse chez eux l'esprit d'invention, et qui leur fait adopter difficilement ou tardivement une innovation utile. Or l'introduction, parmi eux, de quelques esprits originaux, qui se seront formés par une autre voie, excitera leur émulation, transformera leurs méthodes, et accélérera leur marche progressive.

Que l'on joigne à ce tracé rapide de tous les éta-

blissements d'instruction qui existent, ou doivent exister, les diverses Facultés des sciences, de droit, de
médecine, établies depuis longtemps, en France, sur
des bases aussi libérales qu'il est possible de le désirer,
et l'on se convaincra aisément que ce système complet
atteint parfaitement le but général que doit se propo-
ser l'instruction publique.

Mais pour que ce système remplisse la condition
essentielle de répartir les capacités dans les carrières
qui leur conviennent, il faut faire une guerre achar-
née à la faveur, aux sollicitations et aux protections,
restes impurs du régime de corruption que notre dernière révolution a renversé. Il faut que toute intelligence, qui doit s'élever, ne rencontre jamais sur sa
route un être moins méritant qui passe devant elle;
que les bourses dans les lycées, les colléges, les écoles
spéciales, arrivent exclusivement aux enfants et aux
adultes qui ont le mieux profité de leurs études; que
les plus capables soient seuls reçus dans les corps savants ou aux places de professeurs, si nombreuses et
si importantes.

§ 35. Guerre au favoritisme.

Que l'on se transporte maintenant à une époque où
le système d'instruction, qui vient d'être indiqué,
aura élevé une génération entière. Quelle différence
avec ce qui existe maintenant! L'instruction répandue
partout, dans tous les coins des villes, dans les campagnes qui en sont le plus éloignées. Les laboureurs et
les ouvriers, comprenant le principe de la société et
ses conséquences; en état, par la lecture, de juger
eux-mêmes les événements, les choses et les hommes,

§ 36. Résultats du système gé- néral de l'in- struction publique.

par l'écriture, d'émettre les idées que ce jugement leur aura inspirées, de choisir à la suite de leurs propres réflexions les meilleurs mandataires de la nation, ceux à qui elle doit confier le maniement des affaires publiques; ayant acquis des connaissances scientifiques à l'aide desquelles ils pourront perfectionner, simplifier leur travail, augmenter ses produits, secouer cette routine traditionnelle qui s'oppose à tout progrès, à toute innovation utile; conduits par ces connaissances scientifiques mêmes à s'associer, pour entreprendre des travaux qui profitent à tous, tels que des irrigations, des défrichements, des reboisements, pour se secourir et s'assurer mutuellement contre les chances défavorables, pour diminuer leurs dépenses par les bénéfices de la vie en commun. La bonne conduite, l'épuration des goûts et des plaisirs, une meilleure entente des affaires, généralisant l'aisance et le comfort; l'inégalité des conditions diminuant rapidement; enfin, les fortunes exceptionnelles n'ayant plus aucun privilége de fait comme de droit, n'inspirant plus ni haine ni envie, puisque le bonheur se sera établi en dehors d'elles, et qu'on pourra douter qu'elles en jouissent aussi.

§ 37.
Élimination des incapables.

On dira sans doute que l'idée et la facilité plus grande de parvenir aux places, encore enviées aujourd'hui, multiplieront les ambitions, les luttes, encombreront le gouvernement de rouages inutiles, tandis que les humbles travaux manqueront de bras. Mais cela ne sera pas, quand les places, réduites au nombre suffisant, seront essentiellement données aux plus capables, aux plus méritants, lors même qu'on devrait aller les chercher où ils se cachent. Quant aux mécontents, quant aux ambitieux déçus qu'un mérite réel ne justifie pas, il faut qu'ils cèdent, qu'ils se casent pour vivre sur un échelon moins haut; c'est une question de vie et de mort pour la société. Lorsqu'on aura surmonté ces difficultés, inévitables à la suite d'une révolution, les ferments de désordre, les passions aveugles se calmeront, s'éteindront peu à peu, et, l'instruction publique aidant, on marchera à grands pas vers l'état définitif que nous venons de décrire. Cela doit être, cela sera; ou bien la civilisation abandonnera la France à tout jamais.

D'ailleurs, dans chaque génération, les hommes réellement destinés, par leurs facultés spéciales, à diriger les affaires générales de la société, sont comparativement en fort petit nombre; voyez aux États-Unis. Voyez même chez nous: en écartant tous les indignes et tous les incapables, parmi ceux qui se précipitent à la curée des places, combien en reste-t-il? C'est ce contingent d'hommes gouvernementaux, tout restreint qu'il soit, qu'il faut employer. Arrière ceux qui s'abusent en prenant leurs désirs pour une vocation! d'autres occupations les réclament, tout aussi nobles, tout aussi utiles à la société, puisqu'ils ont été mis sur cette terre pour les exécuter. Qu'ils imitent l'immense majorité des citoyens, humbles dans leurs désirs et dans leurs goûts, dont la plus grande ambition est d'acquérir, par leur travail, un coin de terre, une propriété, quelque rente, qui leur per-

mette de faire vivre leur famille, d'élever leurs enfants, et d'assurer la tranquillité de leur vieillesse.
Voilà les sages et les habiles; l'avenir leur appartient;
c'est en réalité pour eux que la dernière révolution
s'est faite; leur bonheur à tous doit être le point de
mire de notre République (1).

§ 38.
Carrières qui
n'exigent pas
de facultés
spéciales.

(1) Les emplois qui exigent des facultés spéciales peu ordinaires,
et même une sorte d'esprit d'invention, doivent exclusivement appar-
tenir à ceux qui possèdent ces facultés; ces emplois ne peuvent donc
être obtenus qu'à la suite d'épreuves de capacité, suivies d'un classement par lequel sont éloignés les candidats qui se seraient trompés
sur leur vocation; c'est pour cela que l'introduction dans les corps
savants, et dans toutes les écoles spéciales, n'a lieu qu'à la suite d'examens d'admission. Mais il existe une multitude d'autres emplois, beaucoup plus nombreux et aussi utiles à la société, qui ne paraissent
exiger que de la mémoire ou de l'érudition, de l'ordre et de l'exacti-
tude, facultés assez générales qui se développent par l'exercice et par
une éducation convenable : telles sont les carrières de la magistrature
et du parquet, la plupart des emplois dans toutes nos administrations
ministérielles, départementales et communales, un grand nombre des
places de professeurs dans les établissements primaires et secondaires. Ici les examens doivent changer de nature, aucun classement
n'est strictement nécessaire, il s'agit de vérifier seulement la réalité
des connaissances acquises, et un exercice suffisant des facultés citées
plus haut; tels sont, par exemple, les examens de bachelier, de li-
cencié, etc. Les brevets, qui constatent les succès de ces épreuves,
rendent tout citoyen apte à occuper l'emploi qu'il demande. Entre
plusieurs candidats pour une même place, il faut choisir celui dont la
conduite, l'activité du sens moral et la rectitude du jugement offriront
le plus de garanties; enfin, à mérite égal, celui qui a le plus besoin
de cette place.

FAMILLE.

La famille est à la fois le type et l'élément constitutif de la société. Elle se compose d'êtres liés entre eux par des instincts et des sentiments naturels plus puissants, plus difficiles à éteindre que tous les autres; les lois qui la régissent sont en quelque sorte inscrites en caractères ineffaçables dans le cœur de l'homme; c'est là qu'il pratique les vertus les plus utiles et les plus nobles, l'amour et le respect pour les bienfaiteurs, la gratitude pour les services rendus, la concorde et l'indulgence entre égaux, le dévouement et l'assistance pour les faibles et les infirmes, l'amour et la sollicitude pour les êtres dont il faut guider les premiers pas, exercer les facultés, éclairer les sentiments, qu'il faut instruire sur leurs véritables intérêts. En un mot, c'est dans la famille que l'homme se façonne pour la société, qu'il s'exerce à la fraternité, qu'il apprend à se plier aux restrictions que la vie en commun apporte à la liberté individuelle, aux inégalités qui naissent des différences physiques et morales.

§ 39.
Nécessité de la famille.

La famille est un tout parfait, inaltérable, qui se modifie en apparence plus qu'en réalité par les progrès de la civilisation, qui résistera à toutes les attaques des utopistes présents et futurs, qu'il faut accepter comme un fait indestructible, primordial, axiomique en quelque sorte; enfin qui constitue la

§ 40.
La société est l'association des familles.

base la plus solide de la société. De même que les tissus, et les organes des végétaux et des animaux, se forment par la réunion d'une multitude de globules, ayant leur vie propre et primitivement séparée, de même la société se forme par l'association des familles. Cette association est en quelque sorte contractée entre les chefs des familles, pour partager les biens de la terre, répartir le travail devenu nécessaire, faciliter et perfectionner ce travail général en le divisant par espèces suivant les capacités spéciales des travailleurs; pour s'aider, se secourir mutuellement, se réunir contre les dangers et les ennemis communs; enfin pour s'avancer en masse, et par tous les efforts réunis, dans la voie du progrès humanitaire.

§ 41.
Distinction entre la vie sociale et la vie de famille.

Aujourd'hui la vie de l'homme se partage en deux existences distinctes, l'une extérieure avec la société, l'autre intérieure dans la famille. La première se modifie, se perfectionne, se diversifie profondément dans son principe et dans ses actes, brusquement lors des révolutions, insensiblement avec les progrès de la civilisation; c'est celle-là seule qui préoccupe actuellement tous les esprits, et dont nous avons essayé de définir l'état normal sous la République. Quant à la vie de la famille, si les bruits et les événements extérieurs entrent pour beaucoup dans ses joies, ses plaisirs, ses inquiétudes et ses malheurs, ils ne peuvent altérer ses principes, ses lois naturelles, ni ses sentiments innés; elle reste en dehors de nos rêves sociaux et de nos doctrines progressives; c'est en quelque sorte une forteresse inexpugnable, où l'on peut puiser d'utiles enseignements, dont on peut attendre des secours importants, mais qu'il faut se garder d'attaquer, et que l'on tenterait vainement de détruire.

Nos idées de réorganisation doivent donc s'arrêter au seuil de la famille. Mais nous avons à lui demander aide et concours, pour achever et perfectionner les institutions de la nouvelle société, et nous nous adresserons, pour cela, à la femme, ange gardien du logis, et son chef réel. Tandis que l'homme vaque à ses affaires, ou exécute au dehors le travail qui lui est dévolu, la femme, toujours à la maison, s'occupe des détails du ménage, et s'ingénie pour économiser, sans trop diminuer le comfort et le bien-être; elle élève ses enfants, les entoure de mille soins, dirige leurs premiers pas, leurs premières pensées, leur donne enfin la première éducation, si importante par l'influence qu'elle a sur toute la vie.

§ 42.
Nécessité de l'instruction des femmes.

C'est principalement pour cela qu'il importe que l'instruction des jeunes filles soit poussée aussi loin que celle des jeunes adultes: il faut qu'elles connaissent comme eux les principes et les lois de notre état social, afin que, devenues mères, elles préparent de bonne heure leurs enfants, qu'elles excitent leurs bons sentiments, et répriment les instincts qui pourraient faire leur malheur et nuire à la société. D'ailleurs la femme peut être appelée à jouer le même rôle que le citoyen, si, mère, elle devient veuve; si, fille, elle reste dans le célibat, qu'elle soit forcée de travailler pour vivre, et quelquefois pour soutenir des parents infirmes. Il est donc nécessaire que toutes les jeunes filles soient élevées de manière à pouvoir remplir ces conditions, qu'elles soient rendues capables d'exercer un état lucratif.

§ 43.
Travaux des femmes.

L'instruction, les beaux-arts, le commerce, la broderie et tous les travaux à l'aiguille, les services domestiques, offrent aux femmes des ressources que la sollicitude incessante de la société, pour tous les travailleurs, rendra moins précaires et plus sûres.

En outre, les hôpitaux, les hospices, les maisons de retraite, tous les établissements de bienfaisance désormais entretenus par l'État, les crèches, les salles d'asile, les écoles primaires, les cours aux jeunes filles correspondants à ceux des jeunes adultes, les prisons et les maisons de reclusion, réclament une multitude de fonctions qui ne peuvent être bien remplies que par des femmes, et auxquelles ne peuvent suffire les congrégations de Sœurs, vu l'extension à donner à ces établissements. C'est là un débouché pour procurer aux femmes des emplois rétribués, d'autant plus convenables qu'ils exigeront plus de dévouement et de charité, vertus que la femme pratique avec bonheur.

§ 44.
Œuvres de bienfaisance ou de fraternité.

Les secours à domicile, l'assistance dans l'intérieur des familles, la recherche de ceux qui souffrent en silence, les conseils et les consolations aux malheureux, les démarches pour procurer du travail à ceux qui en manquent, toutes ces œuvres de bienfaisance occupent depuis longtemps un grand nombre d'hommes dévoués, et plus encore de dames charitables, qui dépensent ainsi le temps et les fonds qu'ils peuvent épargner. Désormais tous ces actes de fraternité seront aux frais de la République, et l'on ne saurait mieux faire que de confier l'organisation de ce genre de service, aux mêmes personnes qui l'avaient spontanément créé. Elles s'en chargeront gratuitement, pourvu qu'on leur adjoigne un nombre suffisant d'employés des deux sexes. Car cette œuvre s'agrandit, elle n'a plus pour limite la charité publique, elle doit s'étendre à toutes les misères actuelles, et les faire disparaître quoi qu'il en puisse coûter à la société.

Ainsi la femme contribue puissamment au succès du nouvel état social. Toute recommandation à lui faire serait superflue, son cœur l'a devinée et pratiquée depuis longtemps. Outre son influence souveraine dans la famille, séjour de toutes les joies terrestres, et où le citoyen trouve la compensation de ses fatigues, elle veille par ses conseils et son économie, à ce que le salaire, garanti par la société, suffise à l'existence des siens, et laisse même une épargne; elle donne à ses enfants l'éducation première, et fait germer en eux les vertus républicaines. En dehors de la famille, outre son influence dans les cercles, les réunions, les spectacles, les fêtes, elle consacre le temps dont elle peut disposer aux œuvres de la fraternité et de la bienfaisance. Enfin, dans toutes les conditions, elle donne mille exemples de dévouement, de résignation et de patience, que l'homme admire plus qu'il ne les imite.

Toutefois la femme, épouse, mère ou sœur, con-

§ 15.
De la femme sous la République.

§ 16.
Guerre aux solliciteurs.

stamment préoccupée des intérêts de la famille, s'exa-
gérant peut-être, à défaut de comparaison, le mérite
et la valeur des siens, sollicite souvent avec ardeur
leur avancement, leur admission dans une carrière,
sans être arrêtée par la possibilité que cette demande
soit celle d'un passe-droit ou d'une injustice, et, dans
le cas d'un insuccès, reste persuadée que la faveur l'a
seule motivé. Ces illusions et cette croyance doivent
disparaître ; il faut que les juges du mérite, les distri-
buteurs de places, se mettent, par leurs choix motivés,
à l'abri de tout soupçon de favoritisme, qu'ils rendent
ainsi inutiles, ou même injurieuses, toutes les sollicitations, de quelque part qu'elles viennent, qu'enfin les
plus incrédules soient forcés de reconnaître leur im-
partialité. S'il n'en était pas ainsi, tous les priviléges
ne seraient pas abolis, et l'on pourrait douter de tout,
même de la République.

§ 47.
Influence de
la vie de fa-
mille.

Presque tous les citoyens passent la plus grande
partie de leur existence dans l'intérieur de la famille,
avec une mère, des frères et des sœurs, avec une
compagne et des enfants. L'habitude de cette communauté doit exercer sur leurs sentiments et leurs pensées une influence continue, à peu près identique pour
tous. Cette influence générale doit donc laisser sa trace
sur les institutions sociales, créées et perfectionnées
par les hommes ; de là sans doute la cause du respect
que ces institutions ont toutes pour la famille, de la
protection et des garanties qu'elles lui assurent. Par
contre, les utopistes qui s'attaquent à la famille et
proposent de l'annuler, sont des hommes qui, par des

circonstances exceptionnelles, ont été élevés de manière à ne pas ressentir cette influence; ils arrivent
dans la société avec des sentiments excentriques, et
leurs prédications ne peuvent réussir que sur des êtres
auxquels l'éducation de la famille a manqué, comme à
eux, soit en totalité, soit en partie.

ARMÉE.

§ 48.
Necessité que
la Répu-
blique soit
armée.

Pour garantir à tous les citoyens leur droit de vivre en travaillant, tous les avantages qui résultent de l'association, et généralement l'existence de toutes les institutions qui mettent en pratique la liberté, l'égalité et la fraternité, la force morale pourra suffire un jour à notre République. Mais aujourd'hui et pour longtemps, il lui faut une force physique imposante, dirigée loyalement et sans faiblesse par un pouvoir bien choisi et bien constitué, afin de prévenir et repousser toute attaque venant de l'intérieur ou de l'extérieur, faire face à tous les dangers qui la menacent. et la mettre en état de remplir jusqu'au bout son rôle humanitaire.

§ 49.
Dangers in-
térieurs.

Longtemps encore les passions des masses ignorantes, excitées par des utopies et de fausses doctrines, exploitées par les mécontents, les ambitieux, les prétendants de toutes couleurs, essayeront de bouleverser la société, pour parvenir à la satisfaction illusoire de leurs sauvages désirs. A cet immense cortége de haine. de rage et de désespoir, il faut opposer d'abord une force permanente, tellement supérieure, qu'elle puisse presque toujours prévenir le combat, et éviter les affreux malheurs de la guerre civile. Mais en même temps, et par tous les moyens pacifiques possibles, il faut se hâter de dissoudre ces ligues formidables: écarter les êtres dangereux qui les excitent, les domiment, et leur donnent un caractère de férocité inconnu jusqu'ici ; agir par la persuasion, par les secours temporaires, par le rétablissement du travail dans les principales industries ; enfin procéder à la mise en pratique de toutes les institutions qui doivent améliorer le sort des travailleurs. OEuvre immense, dont les difficultés sont effrayantes, mais qu'il faut accomplir, ou s'enterrer sous les ruines de la société.

Quand les plaies intérieures qui menacent l'existence de notre République naissante commenceront à se cicatriser, peut-être même avant, un autre danger viendra de l'extérieur. Si l'esprit révolutionnaire, qui, parti de la France, s'est propagé comme la foudre sur presque toute l'Europe continentale, vient à être comprimé, écrasé par les autocrates et les rois, une coalition formidable se présentera pour étouffer chez nous le foyer du progrès humanitaire. Il faut alors que toute la France en armes résiste aux souverains de toute l'Europe, qu'elle les force à rétrograder, qu'elle leur impose la reconnaissance de notre République. C'est son devoir ; il faut qu'elle sorte victorieuse de cette lutte colossale, ou bien la civilisation, abandonnant l'Europe, et laissant un type imparfait et bâtard dans les Iles britanniques, franchira l'Océan pour s'établir et recommencer la série de ses progrès aux États-Unis d'Amérique.

Lorsque cette issue fatale sera providentiellement écartée, que notre République sera forcément reconnue par toutes les nations de l'Europe, qu'elles aient ou non succombé dans leurs tentatives révolu-

§ 50.
Dangers ex-
térieurs.

§ 51.
Rôle huma-
nitaire de
la France.

tionnaires, la France devra poursuivre l'accomplissement de sa tâche : elle devra aider par son exemple,
par son influence pacifique, et, s'il le faut, par la
force, l'émancipation graduelle et successive de tous
les peuples du continent, ou leurs tendances vers la
liberté, l'égalité et la fraternité.

Afin de faire face à tous ces dangers, et d'être en
état d'accomplir tous ces devoirs, il faut que la
France soit armée, non pour établir la tyrannie de
la force, attaquer, conquérir; mais, au contraire,
pour repousser toute tyrannie intérieure ou extérieure,
résister à toute attaque, s'opposer à toute conquête
injuste.

§ 52.
Tout citoyen doit être soldat.

La République devant être armée, l'égalité exige
que tous les citoyens en état de porter les armes
soient soldats; que tous fassent le sacrifice d'une
partie de leur temps et de leur liberté; qu'ils s'as-
treignent tous au maniement des armes et à la discipline militaire. Il faut que, par leur nombre, par
leur union, par la concentration de leurs volontés en
une seule, celle de veiller au salut de la patrie, ils
ôtent aux ennemis de la République tout espoir de
rompre leur immense faisceau.

Introduisons donc le maniement des armes parmi
les exercices gymnastiques des jeunes adultes, dans
les lycées, les colléges, les écoles spéciales, de telle
sorte que tout Français, devenu citoyen, sache tenir

§ 53.
Organisation complète de la garde nationale.

un fusil comme il saura lire et écrire.

Complétons l'organisation des gardes nationales sur
tout le sol français. Tous les jeunes citoyens seront

astreints, pendant deux ans, à un certain nombre
d'heures d'exercice par semaine. La garde civique fera
un service régulier, se réunira pour des revues par-
tielles et générales chaque mois, chaque trimestre,
chaque année, au chef-lieu de la commune, de l'ar-
rondissement, du département, de la circonscription
militaire. On introduira l'exercice au tir, et des
concours périodiques pour distribuer des prix aux
meilleurs tireurs. A une époque de l'année, convena-
blement choisie, on établira des camps où les gardes
nationales s'exerceront pendant plusieurs jours aux
grandes manœuvres. Enfin on prendra toutes les dis-
positions nécessaires pour que cette garde civique soit
toujours prête, et puisse être rapidement réunie. Des
compagnies de gardes à cheval, des compagnies d'artillerie seront formées dans tous les départements;
elles auront leur service régulier, leurs exercices,
leur revue, leur tir même, et participeront aux
grandes manœuvres. Sur nos côtes maritimes, dans
nos places fortes, les gardes nationales feront l'exercice du canon de siége.

L'armée, proprement dite, conservera ses cadres et
son chiffre actuels, en infanterie, cavalerie, artillerie,
génie. Elle se recrutera, 1° par des enrôlements volon-
taires; 2° par des engagements pour deux ou trois ans,
qui offriront un débouché à une partie du trop-plein
des travailleurs dans les industries maintenant en
souffrance; 3° enfin par le tirage au sort. La cavalerie, l'artillerie, le génie, ne peuvent subir aucune
diminution; mais on réduira notablement l'infanterie,

§ 54.
De l'armée.

à mesure que la garde nationale deviendra plus instruite aux manœuvres militaires, et que son organisation perfectionnée en rendra mobilisable une plus grande partie. La généralisation de l'instruction militaire parmi tous les citoyens permettra aussi de réduire, sans désavantage, le temps de service sous les drapeaux, et même de mettre à la réserve ou en disponibilité un plus grand nombre de soldats avant leur libération. Ces militaires, en congé dans leurs familles, reprendront leurs travaux civils, et seront d'un grand secours comme instructeurs des gardes nationales.

§ 55.
Nécessité de la discipline militaire.

N'oublions pas que le service militaire, sous toutes ses formes, est un impôt nécessaire, inévitable, réparti d'après le principe de l'égalité, payable en temps, en liberté, et souvent même avec le sang. D'où résulte d'abord que tous les citoyens, convaincus de cette nécessité, doivent faire complétement et avec résignation les sacrifices qu'elle leur impose. Se soustraire au service de la garde nationale, porter dans ses rangs l'insubordination et l'indiscipline, retirer ainsi en détail, et par mille contrariétés, le pouvoir de commander qu'elle a librement donné à des officiers de son choix, c'est usurper un privilége, c'est commettre un délit, un crime même comparable à celui de la désertion, ou de l'injure envers un supérieur, si sévèrement puni par le code militaire. Pour que la garde civique remplisse son but, et puisse résister à tous les ennemis de la République, il faut que le citoyen sous les armes obéisse comme le soldat, que la discipline, dans nos légions en marche, soit aussi ponctuellement, aussi sévèrement observée que dans l'armée.

De là résulte encore, pour les gouvernants, l'obligation d'alléger autant que possible cet impôt ; de faire en sorte qu'il ne réduise, ni le travail général, ni les ressources des travailleurs. Il ne faut prendre aux gardes nationales que le temps strictement nécessaire pour les instruire aux manœuvres militaires, pour assurer, par un service régulier et facile, leur bonne tenue et leur complète réunion au moment du danger. Il faut donner, le plus souvent possible, aux jeunes citoyens de l'armée, l'occasion d'exercer leurs facultés spéciales, et de se livrer au genre de travail qui sera leur moyen d'existence quand ils seront libérés : les colonies militaires, les travaux du génie. les corvées de toute espèce aux camps et dans les casernes, les cours d'étude institués dans les régiments, les gymnases musicaux ou autres, les exemptions de service pour travaux en ville, donnent mille moyens, pratiqués ou praticables, de remplir le but dont il s'agit. En même temps, toutes ces occupations spéciales, judicieusement réparties, s'opposeront à tous les vices que l'oisiveté peut encourager parmi les militaires, à l'ivrognerie, aux disputes sanglantes, aussi fatales pour le soldat et pour l'armée que la pernicieuse habitude de la paresse.

§ 56. Corrections des inconvénients du service militaire.

PROPRIÉTÉ.

§ 57.
Utilité des
capitaux.

Les capitaux, ou les richesses accumulées, sont indispensables à toute société en progrès. Sans eux, tous les travaux industriels retomberaient dans l'enfance. Pour rester au point de perfectionnement qu'ils ont atteint, ces travaux exigent des avances, des instruments et des machines, des dépenses d'entretien et de premier établissement, dont se chargent les capitaux moyennant un intérêt, salaire du service qu'ils rendent. Aussi l'expérience prouve-t-elle que l'industrie est d'autant plus étendue, d'autant plus prospère dans un pays, que les capitaux y sont plus abondants. Cette abondance conduit à la baisse de l'intérêt, qui facilite puissamment toutes les opérations industrielles; le succès de ces opérations fait naître le crédit par la confiance qu'elles inspirent, ce qui augmente encore cette facilité.

A la suite d'une révolution, la confiance cesse, le crédit se resserre, un grand nombre de capitaux chôment ou sont détruits, les autres émigrent, le travail languit et devient impossible; la crise est d'autant plus terrible qu'elle se prolonge davantage, et la société est menacée de dissolution. Dans ces circonstances solennelles, l'unique but des gouvernants, le plus grand intérêt des travailleurs, le seul qui doive les préoccuper, c'est de rappeler, le plus promptement possible, les capitaux, puis le crédit, en rétablissant l'ordre et la confiance. Lorsque enfin ce retour est assuré, et seulement alors, il faut s'occuper des réformes et des améliorations que réclame l'état social, de manière à détruire tout prétexte d'une nouvelle révolution.

Les capitaux se forment et s'accumulent par l'économie que les travailleurs de tout genre font, en vue de l'avenir, sur leurs bénéfices ou leurs salaires, par les sacrifices qu'ils s'imposent en diminuant leur bien-être actuel, c'est-à-dire les jouissances et les plaisirs qu'ils pourraient se procurer. La société doit donc protéger les capitaux, et ceux qui les possèdent, par les mêmes raisons, et au même titre, qui lui font assurer les moyens d'existence, et la liberté d'action des travailleurs qui dépensent de suite tout ce qu'ils gagnent. Toutefois, il faut que le travail soit tellement organisé, que tout travailleur ait la possibilité d'économiser sur son salaire, s'il veut s'astreindre aux privations de jouissances qu'exige cette économie.

§ 58.
La société doit protéger les capitaux.

Alors celui qui préférera tout dépenser de suite, et vivre au jour le jour, sera entièrement libre de le faire; mais il ne pourra, sans être profondément injuste, et sans attenter à la liberté d'autrui, faire la guerre aux capitaux, à ceux qui les ont accumulés, et provoquer des mesures qui dépouillent ces travailleurs prudents, en tout ou en partie, de leur légitime propriété. Que dirait-il si l'on s'opposait à la satisfaction immédiate de ses propres désirs, quoiqu'elle n'eût rien de nuisible, rien de directement contraire aux intérêts généraux de la société? Il crierait, avec raison, qu'on attente à sa liberté, et cependant il se serait rendu coupable d'un attentat identique ou du même ordre.

Les capitaux accumulés par l'économie des travailleurs de tout genre se placent, soit dans les caisses d'épargne, soit en rentes, soit en achat de maisons ou de fonds de terre, soit dans les entreprises industrielles ou sur hypothèques. Tous ces capitaux transformés ont droit à la même protection. Et comme ces emplois divers sont également utiles à la société, il faut se garder de frapper subitement les uns plus que les autres; car il résulterait de cette mesure une destruction partielle, et une répartition factice des capitaux, qui fuiraient tel emploi pour encombrer tel autre, s'ils ne s'expatriaient pas. En résumé, des craintes sérieuses, inspirées aux capitalistes et aux propriétaires, font émigrer les capitaux mobiles, déprécient les immeubles, suspendent les économies, font languir le travail, et réduisent à la dernière misère un grand nombre de travailleurs.

§ 5g.
Définition de la propriété. Sa justification.

Il résulte du principe de l'égalité, que le sol, l'intérieur de la terre, les eaux qui coulent à sa surface, les poissons qui y vivent, les animaux qui peuplent l'air et les forêts, appartiennent à la nation entière. Mais la société trouve de l'avantage pour tous, à concéder ces biens communs à des individus qui, moyennant un loyer, les exploitent à leurs risques et périls; et à l'exclusion de tout autre occupant. Ce principe, simple et naturel, justifie l'impôt sur toutes les propriétés territoriales, les droits de pêche, de chasse, de navigation, les concessions de cours d'eau, de mines, de carrières, les restrictions mises à ces concessions, et l'expropriation pour cause d'utilité publique. Mais, de plus, il donne à la propriété son véritable carac-tère: le propriétaire n'est en réalité que le fermier, que le locataire d'un bien qui appartient à tous, mais qui produirait beaucoup moins s'il était abandonné au gaspillage de la multitude.

Un propriétaire qui paye un impôt proportionné à l'importance du droit que la société lui concède, et qui exploite utilement le sol, la mine, le cours d'eau, qu'il a en quelque sorte loué, n'est donc ni un privilégié, ni un usurpateur. D'ailleurs ce qu'il a loué à la société est un des instruments de la production, et ce n'est pas le seul : ce propriétaire établit là une maison, une usine, des machines, ou une ferme et tous les accessoires d'une exploitation agricole; ce sont de nouveaux instruments, de nouveaux capitaux dont l'intérêt doit être couvert par les produits. S'il loue la maison, l'usine ou la ferme, à un locataire, à un chef d'industrie ou à un fermier, ce dernier devra payer le loyer du sol, c'est-à-dire l'impôt territorial, plus le loyer de la maison, ou des accessoires de l'exploitation fournis par le propriétaire, ou le fermage proprement dit.

Ainsi, la société a le droit d'imposer la propriété qu'elle a concédée, et le propriétaire a le droit de percevoir le loyer des constructions qu'il a faites sur cette propriété; rien de plus, rien de moins. C'est une conséquence nécessaire de cet autre principe, que tout capital prêté doit rapporter un intérêt; car sans l'intérêt, il n'y a plus de raison d'économiser, d'accumuler des richesses ; et si cette accumulation n'existait pas, l'industrie retomberait dans l'enfance, et la société dans la barbarie.

§ 60.
Inconvénients de la propriété.

L'émission et la vogue de certaines utopies qui attaquent la propriété, quelque absurdes qu'elles soient, indiquent cependant l'existence d'un mal qu'il faut corriger ou faire disparaître. Ce mal consiste, d'une part, en ce que les salaires d'un grand nombre de travailleurs, et les circonstances dans lesquelles ils vivent, ne leur permettent pas de faire des économies, quelques privations qu'ils s'imposent ; et, d'autre part, en ce que la transmission des capitaux par héritage peut donner à quelques individus, qui n'ont rien fait pour le mériter, le pouvoir de rester oisifs, dernier privilége, insupportable sous le régime de l'égalité.

§ 61.
Tout travailleur doit pouvoir économiser.

D'abord, les améliorations apportées au sort des travailleurs, le contrat amiable entre les ouvriers et les patrons, pour le règlement des salaires et des parts de bénéfices ; l'abolition de toute entrave au commerce des denrées alimentaires et des objets de première nécessité ; les tarifs de douane n'ayant plus d'autre but essentiel que de protéger, dans l'industrie nationale, le salaire des ouvriers ; la généralisation de l'instruction publique, gratuite et obligatoire ; toutes ces mesures remédieront efficacement à la première partie du mal signalé. Tout travailleur pourra, s'il le veut bien, économiser, devenir capitaliste ou propriétaire.

Ensuite, quant aux oisifs, il faut bien distinguer : Ceux qui, par leur travail antérieur, ont acquis une maison, un fonds de terre, une rente, d'où est résultée pour eux la possibilité de se reposer; ceux mêmes qui, par leur habileté, leur esprit d'invention, ont acquis une grande fortune; ceux-là sont des exemples utiles, ils sont en quelque sorte comme le drapeau de l'émulation, leur présence est donc nécessaire à la société. Mais ceux qui, jeunes encore, vivraient des fruits du travail de leur père, et profiteraient, abuseraient même de tous les avantages que procure la société, sans rien donner en compensation, ces oisifs sont et doivent être impossibles.

Les jeunes gens que la fortune a favorisés, comme ceux qui n'ont rien à attendre de leurs parents, doivent indistinctement se livrer à l'étude, se présenter aux concours, aux examens d'admission des écoles spéciales, enfin se classer parmi les travailleurs d'un genre quelconque, ou, comme on dit, embrasser une carrière; sinon, la société a le droit de leur imposer une tâche, de les interdire même s'ils ne peuvent justifier d'un travail quelconque et s'ils refusent tout emploi.

En dehors de la politique, il existe une multitude de fonctions honorables, considérées, dont les appointements sont cependant insuffisants, et doivent plutôt être regardés comme des indemnités, telles que celles de la magistrature; une multitude de fonctions gratuites et éminemment utiles, dans les municipalités, dans les établissements de bienfaisance dont les pro-

§ 62.
Tout citoyen
doit
travailler.

§ 63.
Travaux
pour les ri-
ches.

grès de la fraternité ont exigé la création ; enfin il y a des genres de travaux qui procurent souvent plus de gloire et de réputation que de profits pécuniaires, comme ceux des beaux-arts, des lettres et des sciences. Là se trouvent de vastes débouchés, où le riche peut utiliser son existence au profit de la société, et faire un noble usage des avantages qu'il doit au hasard.

§ 64.
Fortune
oblige.

D'ailleurs, existe-t-il aujourd'hui beaucoup de jeunes oisifs, dont les orgies et la prodigalité contrastent avec l'activité et la prudente économie des travailleurs ? Quelques rares exceptions surgissent de temps en temps, mais pour s'abîmer, le plus souvent, dans le déshonneur et la ruine, terribles exemples qui ont aussi leur utilité. Généralement, fortune oblige, et les exemples sont de plus en plus nombreux, de nobles dévouements, d'actions d'éclat, d'existences consacrées au service et à la gloire de notre patrie, parmi ceux qu'on appelle les heureux du siècle, que l'injustice, l'envie et la haine poursuivent encore, et auxquels le malheur fait souvent expier cruellement le tort involontaire d'être nés riches.

§ 65.
L'inégalité
des condi-
tions doit
s'affaiblir.

Enfin, patience : cette distinction accidentelle ira en s'affaiblissant. Le libre exercice de nos institutions républicaines doit répandre l'aisance parmi tous les citoyens. Les grandes fortunes se diviseront, se dissiperont en partie par l'élévation des droits de succession et de transmission, par les dotations patriotiques. Les bénéfices des entreprises industrielles étant partagés ou répartis plus équitablement entre tous les travailleurs, de nouvelles grandes fortunes se créeront plus difficilement; elles ne seront plus que de très-rares exceptions, honorables par leur origine, utiles comme exemples.

Le prêt des capitaux moyennant intérêt, voilà l'institution que les utopistes attaquent avec le plus d'acharnement. Cependant cette institution a été éminemment progressive: elle germe, en cachette, il y a bien des siècles; plus tard elle vient ouvertement en aide au trésor des rois que les impôts ne peuvent remplir; puis, s'associant au commerce, à l'industrie, elle donne à leurs opérations une extension rapide et immense. Quels changements, depuis l'époque où l'usure était regardée comme impie, où l'on poursuivait les Juifs et les Lombards, jusqu'au jour où l'un des derniers papes a autorisé l'emprunt romain! Cette suite de progrès doit-elle s'interrompre? L'institution dont il s'agit était-elle simplement destinée à un état transitoire, et la société n'a-t-elle plus rien à en attendre? Voyons.

§ 66.
Justification
du prêt à
intérêt.

Si la République s'engage, par ses actes, à garantir l'intérêt des capitaux, et, par suite, la propriété, à ne gêner en rien les transactions commerciales et toutes les opérations du crédit, la crise actuelle finira par le retour de la confiance; le commerce et l'industrie se ranimeront. Le sort des travailleurs étant assuré, leur salaire garanti, et augmenté d'une part dans les bénéfices, leurs dépenses diminuées par l'abolition des droits sur les denrées alimentaires et les matières premières, tout le monde pourra économiser, épargner, capitaliser, et le travail, vivement encouragé, produira plus et mieux. L'accumulation des richesses ainsi généralisée sera beaucoup plus puissante. Les capitaux, continuellement croissants, se placeront en améliorations, en nouvelles entreprises agricoles et industrielles. S'il n'y a plus de place en France pour de nouveaux emplois de fonds, le commerce extérieur, rendu possible, régénéré par la réforme des douanes, par la suppression de toute entrave au commerce des grains et des bestiaux, par la diminution et l'abolition des droits sur le fer, la houille, les bois de construction, offrira aux capitaux un débouché indéfini. Nos relations avec les nations étrangères augmenteront dans une grande proportion, propageront pacifiquement notre influence, et rendront facile l'accomplissement de notre tâche humanitaire.

L'institution du prêt à intérêt a donc encore beaucoup à faire, et ses progrès sont loin d'avoir atteint leur point culminant. Il n'y a donc pas lieu de l'abandonner et de la remplacer par une autre : seulement, si elle présente des inconvénients, des abus, il faut les corriger, et nos institutions républicaines rempliront complétement ce but.

FINANCES.

La société doit pourvoir aux dépenses générales qu'exigent le Gouvernement, l'administration intérieure et extérieure, l'instruction publique et les écoles spéciales, la justice et les cultes, l'armée et la garde nationale, la marine et le commerce, les travaux publics et l'entretien des voies de communication, les hospices et tous les établissements de secours, de retraite, enfin toutes les institutions qui ont pour but d'assurer la liberté des citoyens, de garantir le salaire des travailleurs, de protéger l'industrie, l'agriculture, les capitaux et les propriétés. Elle y parvient au moyen de l'impôt, judicieusement réparti et prélevé sur tous les citoyens.

§ 67.
Nécessité de l'impôt.

Tout citoyen de la République profite plus ou moins de ces dépenses diverses : la société lui donne l'instruction et les moyens d'exercer ses facultés, garantit sa liberté, facilite son travail, protége ses économies; il doit donc apporter sa part à l'impôt. Mais l'inégalité inévitable des conditions doit en nécessiter une dans cette répartition : la part imposée à chacun doit être proportionnée à sa fortune, à sa portion dans la richesse nationale, ou dans la masse des choses que la société a pour but de garantir et de protéger; en un mot, tout ce qui est garanti, protégé, rendu plus facile par les services publics, doit sa part aux dépenses que ces services exigent.

§ 68.
Tout ce que la société garantit ou protége doit l'impôt.

§ 69.
Impôt per-
sonnel.

Tout citoyen doit travailler, et le salaire doit être tel, que le travailleur puisse en vivre, et même, s'il le veut bien, en économiser une partie. Or la société, par toutes ses institutions, facilite et protége le travail, garantit le salaire; tout travailleur doit donc être imposé pour cette protection et cette garantie. Voilà l'impôt personnel. Cet impôt ne doit pas être pécuniairement le même : il doit être équivalent au prix d'un même nombre de journées dans chaque genre de travail. Mais cette taxe personnelle ne sera exigible pour tous, que si nos institutions républicaines assurent complétement la protection et la garantie qui doivent justifier cet impôt.

§ 70.
Impôt sur la
propriété.

Les richesses accumulées, ou les capitaux placés en maisons, en fonds de terre, en établissements industriels ou autres, sont garantis et protégés par la société; en outre, le sol appartient à la nation entière, et la maison, la propriété territoriale qui en occupe une partie, qui en exclut ainsi tout autre occupant, doit le loyer de cette place, le dédommagement de cette exclusion. Les capitaux ainsi placés sont donc imposables proportionnellement à leurs valeurs. D'où l'impôt sur toutes les propriétés immobilières, et les droits divers énumérés au § 59.

§ 71.
Impôts indi-
rects, ou sur
les revenus.

Les rentes, et en général les revenus de toute espèce, pareillement garantis et protégés, payent d'une autre manière à l'État le service qu'il leur rend : c'est par les impôts indirects. En effet, les objets de consommation étant imposés, chacun paye de ce genre d'impôt une part d'autant plus grande, qu'il consomme davantage, ou qu'il dépense une plus grande partie de son revenu. C'est le moyen le plus simple, et le moins gênant pour les citoyens, d'atteindre les revenus, et d'obtenir leur quote-part des dépenses publiques.

Toutefois, l'impôt indirect doit être assis de telle sorte, que les travailleurs pauvres, les petits rentiers soient épargnés, et que les travailleurs aisés, les riches soient indirectement imposés proportionnellement au luxe qu'ils déploient. On remplira parfaitement ce but, en affranchissant de tout impôt les denrées et les objets de première nécessité, en taxant, au contraire, les denrées et les objets dont on pourrait à la rigueur se passer. Par exemple, on rendra complétement libre de toute entrave et de tout impôt le commerce des grains, de la viande, du sel; on taxera, au contraire, les denrées coloniales, le sucre, le café, le thé, le tabac. Tout impôt indirect, qui n'a qu'un but fiscal, doit être modéré pour être productif; trop fort, il arrête ou limite trop la consommation; par une suite de tâtonnements, d'expériences, il faut chercher à reconnaître quel chiffre de la taxe sera plus favorable au trésor public.

L'accumulation des capitaux n'est possible, n'est plus ou moins facile, qu'en vertu des institutions sociales qui protégent ou garantissent les opérations du crédit privé. Cette protection, ou cette garantie, constitue un service rendu par l'État à ceux qui ont pu accumuler des capitaux. Un impôt doit payer ce service. Il est plus commode et plus sûr de le percevoir sur le capital accumulé, soit après le décès du posses-

§ 72.
Impôt sur
les succes-
sions.

seur, lorsque la valeur de l'héritage qu'il laisse est lé-
galement constatée, soit lorsque le possesseur vivant
se dessaisit de son capital par un acte de donation. On
y parvient en prélevant des droits d'enregistrement sur
les successions et sur les donations entre-vifs.

D'après son origine même, cet impôt doit être d'autant plus élevé, que le capital transmis est plus consi-
dérable et que sa formation a trouvé plus de facilités.
De là résulte que l'impôt sur les successions doit être
progressif. En effet, tout le monde sait qu'il est d'autant plus facile d'accroître ses épargnes, qu'elles sont
déjà plus grandes, c'est-à-dire, par exemple, qu'il est
plus facile d'élever sa fortune de 100 à 200 000 francs,
que d'acquérir les premiers 100 000 francs. Ces facilités diverses peuvent être évaluées numériquement.

Un travailleur met de côté tous les ans une certaine
somme, qu'il place à intérêts composés, dans le but
d'accumuler un capital qui puisse lui donner une rente
précisément égale à son épargne annuelle; si l'intérêt
est à 5 pour 100, il lui faudra quatorze ans deux mois
pour obtenir ce premier capital. S'il veut le doubler,
en joignant de nouvelles épargnes aux intérêts de ce
qu'il possède déjà, il ne lui faudra plus que huit ans et
quelques mois. S'il continue à travailler, six nouvelles
années, à peu près, lui suffiront pour former un troisième capital égal au premier. Encore quatre ans et
quelques mois, et il obtiendra le quatrième. Or les
facilités d'accumuler ainsi le premier capital, le se-
cond, le troisième et les autres, sont évidemment en
raison inverse de ces nombres d'années; ces rapports

sont d'ailleurs les mêmes, quel que soit le taux de l'intérêt.

En partant de ces évaluations numériques, on trouve, par un calcul fort simple, qui ne peut se placer ici (1), que, si l'on prélève 1 pour 100 de droits d'enregistrement sur un héritage de 50000 francs, les droits doivent être de 1f,35 pour 100 francs sur un héritage de 100000 francs, de 1f,70 pour 100 sur un héritage de 150000 francs, et ainsi de suite, en ajoutant toujours 0f,35 au taux des droits d'enregistrement pour chaque 50000 francs de plus ajoutés à la valeur de l'héritage.

Le nombre fort restreint des années, pendant lesquelles l'homme peut conserver toute son activité, pose une limite à la loi d'accroissement des fortunes, formées uniquement par l'accumulation continue des épargnes et des intérêts. Conséquemment, il convient d'arrêter la progression des droits sur les successions, au delà d'un certain terme, par exemple du vingtième, qui correspond sur notre échelle à l'héritage d'un million. Cette limite étant fixée, il suit de la loi mathématique qui précède, qu'un héritage de 50 000 francs, payant 1 pour 100 de droits, un héritage d'une valeur comprise entre 500 000 et 550 000 fr. payera 4 ½ pour 100, et tout héritage de plus d'un million 8 pour 100.

Si l'on adoptait cette échelle des droits d'enregistrement pour les héritages en ligne directe, il faudrait

---

(1) Voir les *Comptes rendus des séances de l'Académie des Sciences*, 6 août 1848, page 175.

sans doute les doubler dans le cas des héritages colla-
téraux, et les quadrupler pour des héritiers étrangers
à la famille du donataire. Quand un père accumule
avec ardeur pour assurer le sort de ses propres enfants, c'est le sentiment de la famille, dans ce qu'il
a de plus vif, de plus pur; la société doit le protéger
comme le plus puissant mobile de la formation des
richesses; elle peut réduire, en conséquence, les
droits sur les héritages en ligne directe. Mais quand
les héritiers sont des neveux, des cousins, des étrangers, le sentiment de la famille a bien faiblement in-
flué sur la formation des capitaux transmis, et la
société peut, sans inconvénient, élever le prix de ses
services, ou réclamer ses droits sans aucune réduc-
tion. D'ailleurs, lors du décès d'un citoyen qui n'a
pas testé, et qui n'a pas d'héritiers, la fortune qu'il
laisse entre en entier dans les coffres de l'État, et, en
vue de ce cas extrême, la loi de continuité exige, en
quelque sorte, que la caisse commune ait une part de
tout héritage, d'autant plus grande que les héritiers
ont un degré de parenté plus éloigné.

Ainsi, la seule manière rationnelle de considérer
l'impôt sur les successions, justifie, à la fois, l'impôt
lui-même, sa progression, et la loi de cette progression. Mais, en outre, elle réduit à néant toutes les
objections relatives au nombre plus ou moins grand
des héritiers et aux inégalités des parts: car, l'impôt
dont il s'agit n'étant que le prix d'un service rendu
par la société, à celui qui a recueilli le capital transmis, ce prix est dû à l'État, avant l'ouverture des tes-

taments, avant que les héritiers se soient présentés.
Ce qu'il importe de connaître, ce n'est pas le nombre,
mais le degré de parenté ou la qualité des héritiers,
afin de classer l'héritage, et de prendre en conséquence telle ou telle échelle des droits.

Les douanes et leurs tarifs ont deux buts distincts :
celui d'assurer la perception de l'impôt indirect sur
les denrées et les objets exotiques, et celui de protéger
l'industrie nationale contre la concurrence étrangère.
Les tarifs doivent être modifiés sous ces deux points
de vue. Il faut se décider à supprimer, à tout jamais,
toute entrave au commerce des grains et des bestiaux,
toute taxe à leur entrée ou à leur sortie. Les faits his-
toriques prouvent que les pays, sur lesquels la liberté
absolue de ce genre de commerce a régné pendant un
certain temps, sont devenus de véritables greniers
d'abondance, où les autres nations moins favorisées
puisaient en temps de famine; qu'au contraire, les
contrées où le commerce des grains et des bestiaux est
gêné, par des échelles mobiles, des taxes, des obsta-
cles à l'importation et à l'exportation, sont périodi-
quement affligées par des famines et des crises industrielles.

§ 73.
Liberté du
commerce
des grains et
des bestiaux.

Laissons à l'agriculteur la liberté la plus complète
dans le choix de ses débouchés, ôtons-lui toute crainte
qu'une loi restrictive ou qu'une année d'abondance
vienne le ruiner; il ne restreindra plus son travail et
ses productions, il donnera à son industrie toute l'extension qu'elle comporte; et la France, dont le climat
est si propice aux exploitations agricoles, deviendra

en peu d'années le grenier de l'Europe. Si les grains et les bestiaux du littoral sont exportés, le marché intérieur, dégarni de cette concurrence, encouragera la production agricole des départements du centre; le commerce importera des grains à Marseille; les bestiaux de la Suisse et de l'Allemagne franchiront nos frontières. L'abondance, la diminution et la régularité du prix des denrées de première nécessité, seront les conséquences de ce système; les ressources des travailleurs pauvres augmenteront, sans qu'il ait fallu élever leurs salaires; notre commerce maritime prendra une plus grande importance.

§ 74.
Liberté du commerce des matières premières.

Il faut aussi abolir, de suite ou graduellement, les droits d'entrée et de sortie sur les matières premières qui servent d'aliments à nos manufactures, telles que le coton, la laine, le lin, la soie : les droits à l'entrée, sur celles de ces matières que notre sol ne peut pas fournir, ne font que renchérir les produits manufacturés, et, par là, limiter leurs débouchés; tout obstacle au commerce de celles qui sont indigènes diminue leur production, éteint une branche de commerce importante, renchérit les objets, ou donne naissance à des industries qui ne devraient pas exister chez nous, et qui ne se soutiennent qu'à l'aide de droits protecteurs, au grand détriment des consommateurs et de notre commerce.

Par les mêmes raisons, il faut diminuer successivement, et finir par abolir les droits à l'entrée des houilles, du fer, des bois de construction, des cordages, des toiles. Ces objets sont en quelque sorte des matières premières pour un grand nombre d'industries; leur prix, renchéri par les droits, exhausse souvent outre mesure celui de nos produits. C'est presque uniquement à l'existence de ces droits, que l'on doit attribuer l'état d'infériorité de notre marine marchande, qui, payant beaucoup trop la construction et l'équipement de ses vaisseaux, ne peut soutenir la concurrence de la marine étrangère.

La suppression de tous les droits sur les denrées de première nécessité, et sur les matières premières qu'emploient nos manufactures, permettra de fixer les salaires à un taux tel, que les ouvriers puissent vivre, et même économiser, s'ils veulent bien s'astreindre à quelques privations. Si, contre toute attente, ce changement indispensable occasionnait cependant une augmentation du prix des produits, il faudrait s'y résigner sur les marchés intérieurs, et égaliser la concurrence étrangère par les tarifs des douanes. La garantie du salaire des ouvriers doit être, dorénavant, le seul but des droits protecteurs.

Pour que notre République soit à l'abri de toute nouvelle commotion, il faut qu'on puisse dire : La société actuelle s'occupe principalement, et presque exclusivement, du sort et de l'avenir des travailleurs pauvres, qui sont de beaucoup les plus nombreux; elle leur donne gratuitement l'instruction et les moyens d'exercer leurs facultés, cherche avec soin ceux que leurs capacités spéciales doivent élever; elle garantit leurs salaires, réduit à leur moindre valeur le prix de leurs aliments indispensables, et celui des matières,

§ 75.
Les droits protecteurs ne doivent avoir d'autre but que de garantir le salaire des travailleurs.

des instruments qu'ils emploient ; elle les soutient quand ils sont malades, infirmes ou malheureux ; elle encourage leurs essais d'économie, et tâche enfin d'accroître leur bien-être par tous les moyens dont elle dispose. Au contraire, elle ne s'occupe des travailleurs aisés, des riches, que secondairement, afin de recueillir les impôts qu'ils doivent, pour leurs personnes, leurs propriétés, leurs revenus, leur luxe, et pour les richesses qu'ils transmettent. Ce faisant, elle tend à rapprocher les citoyens, à diminuer les inégalités de fortune, à amoindrir dans l'esprit de tous l'estime de l'or, en prouvant, par les faits, que le bonheur peut exister dans toutes les conditions, et de préférence même dans les plus humbles.

CONCLUSION.

La République doit être organisée de telle sorte, qu'il y ait tendance continue à mettre en pratique toutes les conséquences de son principe général : liberté, égalité, fraternité. Ces conséquences sont :

§ 76. *Programme général.*

Quant à la liberté: La liberté politique, assurée par le suffrage universel dans les élections; par le jury dans toutes les causes où il s'agit de crimes et de délits. La liberté de la famille, garantie par l'inviolabilité du domicile; par le respect de la société pour ce sanctuaire de la vie intérieure du citoyen; par l'allégement de l'impôt sur les héritages en ligne directe. La liberté de discussion, ou la faculté d'émettre toutes les idées, bonnes ou mauvaises, de les soumettre au creuset de l'opinion publique, laquelle en sera le départ, repoussera les utopies, et conservera les théories utiles. La liberté d'exercer ses facultés spéciales, excitée par un système d'instruction générale, qui saisisse leur manifestation, serve à leur développement et assure leur emploi. La liberté du travail, facilitée par l'association; par les contrats amiables entre les ouvriers et les patrons; par les conseils de prud'hommes; par le partage équitable des bénéfices des entreprises industrielles entre tous les travailleurs qui les exploitent; par l'abolition de tout droit sur les matières premières. La liberté de l'agriculture et du commerce, secondée par les travaux publics, par le crédit général

§ 77. *Programme de la liberté.*

et privé, par la concurrence corrigée de ses abus ; par la suppression de toute entrave au commerce des grains et des bestiaux, du fer et de la houille, des bois de construction et des toiles.

§ 78.
Programme
de l'égalité.

Quant à l'égalité : L'égalité politique, conquise par la destruction irrévocable des priviléges de toute espèce ; par l'universalité des suffrages en matière d'élection. L'égalité dans l'instruction, établie par la gratuité et l'obligation des études dans les écoles primaires et les cours primaires supérieurs ; par la gratuité de l'admission dans les écoles spéciales de tout genre. L'égalité dans le travail, assurée par des salaires proportionnés à l'œuvre et aux facultés des travailleurs ; par les concours et les examens d'admission dans les corps spéciaux ; par le choix, motivé sur le mérite, entre les candidats aux places administratives ; par des lois qui obligent tout citoyen valide de travailler, quelle que soit sa fortune ; par la protection répandue sur tous les genres de travaux manuels, intellectuels, artistiques ou moraux. L'égalité dans la fortune, favorisée par la fixation des salaires à un taux tel, que tout travailleur puisse vivre et économiser, s'il veut s'astreindre à quelques privations, de manière à devenir un jour rentier, capitaliste ou propriétaire ; par des tarifs de douanes, n'ayant absolument pour but que de garantir ce salaire normal des travailleurs ; par la protection répandue sur les propriétés et les revenus de toute espèce, que la société considère, sans aucune distinction, comme des richesses accumulées par le travail. L'égalité dans l'impôt sur le temps, établie par

l'organisation et l'obligation du service de la garde nationale; par les différents modes de recrutement de
l'armée; par la limitation du temps passé sous les drapeaux; par les facilités de travail données au soldat.
L'égalité dans l'impôt sur la fortune, établie confor-
mément à ce principe, que tout ce qui, homme ou
chose, tire utilité ou profit des services publics, doit
être imposé proportionnellement à ce profit; d'où
l'impôt personnel, l'impôt foncier, les droits de rou-
lage, de navigation: d'où l'impôt indirect, ou sur le
revenu; d'où aussi l'impôt progressif sur les successions
et les donations entre-vifs.

Quant à la fraternité: La fraternité dans la politique,
manifestée par la sollicitude constante, et en quelque
sorte exclusive, de la société et de ses gouvernants, pour
les travailleurs pauvres; par les institutions qui garantissent leur salaire normal, qui les soutiennent quand
le travail manque, quand ils sont malades ou infirmes,
qui tendent à diminuer leurs charges et à augmenter
leurs ressources. La fraternité dans l'instruction publique, qui donne accès dans les lycées aux enfants
méritants des travailleurs pauvres, et qui fasse dé-
pendre le succès des études, moins de l'émulation
poussée à l'excès, sentiment personnel caressant l'orgueil et la vanité, que du désir d'obtenir le suffrage
des camarades. La fraternité dans la justice, introduite
par des lois préventives plus que répressives; par un
système de peines qui puisse corriger le moral des
condamnés, les amener au repentir, les réhabiliter
dans la société, écarter d'eux toute flétrissure. La fra-

§ 79.
Programme
de la
fraternité.

ternité dans le travail; fondée par l'association; par le partage des bénéfices; par le compagnonnage; par les caisses de prévoyance et de secours mutuels; par l'établissement des colonies d'ouvriers. La fraternité dans la fortune, établie par toutes les compagnies d'assurances mutuelles; manifestée par les donations aux établissements de bienfaisance; par la création des crèches, des salles d'asile, des secours à domicile, des hospices et des maisons de retraite; par les souscriptions, les bals, les concerts destinés à soulager de grandes infortunes.

§ 80.
Sur la
Constitution.

A l'origine du nouvel état social, les institutions qu'il faut modifier ou créer, pour accélérer la mise en pratique de toutes les conséquences que nous venons d'énumérer, peuvent avoir un caractère d'exagération; ou, au contraire, de timidité, qu'il serait dangereux de rendre immuable. La Constitution que l'on prépare doit se prémunir contre ce danger: il faut qu'elle contienne essentiellement un article qui la soumette à des révisions périodiques. Il n'y a que le principe général qui soit irrévocable; quant aux questions de détails, les solutions qu'on en donnera aujourd'hui peuvent devenir défectueuses, et il importe de pouvoir les changer pacifiquement, ou sans secousse politique.

— — —

Ici se termine notre esquisse d'un Traité de la République. Ce travail, n'abordant que les questions qui sont à l'ordre du jour, est nécessairement fort incomplet : plusieurs chapitres ne sont qu'ébauchés, d'autres manquent. Parmi ces derniers devait s'en trouver un sur la religion ; mais, malgré tous les secours à espérer du sentiment religieux pour nous tirer de l'état de crise actuel, nous l'avons à dessein passé sous silence, afin de montrer comment les forces humaines qui lui sont étrangères doivent être dirigées pour atteindre le but. Aidons-nous, le ciel nous aidera.

FIN.

LIBRAIRIE DE BACHELIER

Quai des Augustins, 55.

COURS DE PHYSIQUE DE L'ÉCOLE POLYTECHNIQUE; par M. Lamé, membre de l'Institut, examinateur des élèves à l'École Polytechnique; seconde édition, revue et augmentée. 3 vol. in-8º, 1840.

EXAMEN DES DIFFÉRENTES MÉTHODES employées pour résoudre les Problèmes de Géométrie; par *le même*. 1 vol. in-8º, avec planches; 1818.

PLAN D'ÉCOLES GÉNÉRALES ET SPÉCIALES pour l'agriculture, l'industrie manufacturière, le commerce et l'administration, etc., par MM. Lamé et Clapeyron; in-8º, 1833....................... 3 fr.

Ouvrages de LACROIX, membre de l'Institut.

TRAITÉ ÉLÉMENTAIRE D'ARITHMÉTIQUE; 20e édition, 1848. 2 fr.

ÉLÉMENTS D'ALGÈBRE; 18e édition, 1847.................... 4 fr.

ÉLÉMENTS DE GÉOMÉTRIE; 15e édition.................... 4 fr.

TRAITÉ ÉLÉMENTAIRE DE TRIGONOMÉTRIE RECTILIGNE ET SPHÉRIQUE, ET D'APPLICATION DE L'ALGÈBRE A LA GÉOMÉTRIE; 9e édition.................... 4 fr.

COMPLÉMENT DES ÉLÉMENTS D'ALGÈBRE; 6e édition..... 4 fr.

COMPLÉMENT DES ÉLÉMENTS DE GÉOMÉTRIE, ou ÉLÉMENTS DE GÉOMÉTRIE DESCRIPTIVE; 7e édition .... 3 fr.

TRAITÉ ÉLÉMENTAIRE DU CALCUL DIFFÉRENTIEL ET DU CALCUL INTÉGRAL; 2e édition, revue, corrigée et considérablement augmentée; 3 vol. in-4º, avec 18 planches.

TRAITÉ ÉLÉMENTAIRE DE CALCUL DIFFÉRENTIEL ET DE CALCUL INTÉGRAL; 5e édition.

ESSAIS sur l'Enseignement en général, et sur celui des Mathématiques en particulier, ou Manière d'étudier et d'enseigner les Mathématiques; 1 vol. in-8º; 4e édition, revue et corrigée.................... 5 fr.

TRAITÉ ÉLÉMENTAIRE DU CALCUL DES PROBABILITÉS; in-8º, 3e édition, avec une planche.................... 5 fr.

INTRODUCTION A LA GÉOGRAPHIE MATHÉMATIQUE ET PHYSIQUE; 2e édition, in-8º, avec cartes.................... 10 fr.

INTRODUCTION A LA CONNAISSANCE DE LA SPHÈRE; in-18.
1 fr. 25 c.

Contraste insuffisant

NF Z 43-120-14